지체장애인과
함께하는 예술치료

지체장애인과 함께하는 예술치료

1판 1쇄 인쇄 | 2022년 8월 1일
1판 1쇄 발행 | 2022년 8월 10일

지 은 이 마리온 고든 플라워(저자)
캐롤라인 밀러(서문)
옮 긴 이 이은혜
발 행 인 장주연
출 판 기 획 임경수
책 임 편 집 김수진
편집디자인 최정미
표지디자인 김재욱
제 작 담 당 이순호
발 행 처 군자출판사(주)
등록 제 4-139호(1991. 6. 24)
본사 (10881) 파주출판단지 경기도 파주시 서패동 474-1(회동길 338)
Tel. (031) 943-1888 Fax. (031) 955-9545
홈페이지 | www.koonja.co.kr

Front cover image by the author: "Domains of Papatūānuku: earth, water, air, fire"

ISBN 979-11-5955-908-2
정가 20,000원

ARTS THERAPIES
with PEOPLE WITH PHYSICAL DISABILITIES

지체장애인과 함께하는 예술치료

원형적 접근

MARION GORDON-FLOWER
FOREWORD BY CAROLINE MILLER

옮긴이 이은혜

군자출판사

차 례

그림

표

서 문

이 책은 특별한 환경에서 한 집단과 함께 작업한 이야기다. 이 작업은 NGO의 건강 및 장애 부문에서 이루어진다. 참여자는 지체장애인과 다른 장애가 있는 성인으로 보통 상시 주거 요양을 필요로 한다. 이들 대부분은 중복장애를 가지고 있다. 그들 지원 인력은 주거 요양 보호사, 작업 치료사, 물리 치료사, 간호사 그리고 예술치료사 한 명을 포함한다. 예술치료사인 마리온(Marion)은 장애를 방해나 배제 요인이 아닌 자신만의 접근 방식을 가지고 있다. 이는 지원 인력이 비장애 동료에게 열려 있는 다양한 활동에 참여할 수 있도록 문제 해결 방식을 취해야 하는 진정한 도전이다.

마리온의 접근법은 다양한 예술치료와 삶의 경험, 민족성, 현재 생활환경, 필요성과 욕구, 영적 경험과 믿음을 비롯한 각 개인과 삶의 모든 측면을 포함하는 내담자들의 생태학적 관점을 사용한다. 그녀는 각자가 어떻게 만족한 삶을 살 수 있는지에 항상 초점을 맞추고 있다.

여기서 성인들은 대부분 주거 요양 시설에 있으며, 많은 이들이 신체적 도움을 직원에게 의존한다. 그들은 중등도 이상 장애인으로 의사소통에 어려움이 있으며, 여기에는 지체장애, 조정장애, 비언어적 또는 언어장애, 청각장애, 시각장애, 인지장애, 자폐증 및 뇌전증을 포함한다. 예술치료는 개인 또는 집단으로 거주자와 개인 후원자에게 제공한다. 이 접근법은 아이디어, 예술 작품, 움직임, 연구 주제, 음악과 연극 사이를 유연하게 연결한다. 또 예술을 통한 구현에 중점을 두고, 각자 모든 경험과 감정에 충분한 연결과 표현을 장려한다. 중요한 사실은 사람들이 자신의 삶, 목표, 그리고 자신에게 중요한 것에 대해 어떻게 소통할 수 있는 가에 있다. 여기에는 관계에 대한 낭만적 갈망, 유급 노동 획득, 예술가로 인정받기, 사회적 경험 증대, 작품 판매 전시회 개최, 가족 행사 및 장례식 참석, 가족 관계 구축 등이 포함된다.

마리온의 접근 방식은 예술치료를 사명으로 삼거나 다른 사람들이 그 철학을 수용하도록 설득하려는 것이 아니라, 사회 정의를 실천하는 데 있다. 그녀는 보호소, 음식 및 기타 물리적 욕구가 충족되기 위한 기본적인 필요 이상을 보는데 있어, 기관과 직장 내에서도 매우 설득력이 있다. 그녀는 경찰, 특수학교 또는 지역 사회의 다른 곳에서 함께 일하기를 원하는 일부 장애인을 위해 시간제나 단기일을 제공하는 단체를 찾는 것으로 자신의 역할을 확장했다. 또한 직장까지 교통비와 필요한 경우 보조원의 지원을 위한 특별 자금도 확보했다. 그녀는 일의 일환으로 지역사회와 연계를 발전시켰고, 이 일을 가식이나 설교 없이 오히려 실용적이고 사실적인 방식으로 취했다.

그녀의 핵심 접근법은 상징과 원형으로 작업하는 것이다. 이는 그 사람을 추상화나 상상력의 학습 수준으로 끌어 들여 다양한 반응의 가능성을 즉시 높이고 심화시킨다. 또한 그녀는 영적 여정을 통한 동반자가 되어, 그녀가 제시하는 가능성의 범위에서 보여주는 관심 수준에 따라 여행을 위한 자원을 지원한다.

마리온은 인터넷이나 이야기를 통한 연구, 상징과 원형 카드의 자극, 색상, 직물, 악기 등 다양한 자료를 제공한다. 이 모든 것들은 상상력과 감정 반응을 촉진하고 자극할 수 있다. 그녀는 그들이 아이디어가 떠오르고 계속해서 충분히 발전시킬 수 있도록 풍부한 자료 제공과 자극을 키우고 지원한다.

원형과 상징을 사용한 접근법은 이 집단과 충분한 자원 공급으로 잘 이뤄지지만, 일상생활의 실용성이나 어려움을 넘어 상상력을 자극할 수 있는 능력 때문에 다른 내담자 집단에도 동일하게 적용할 수 있다.

이러한 이점은 개별 작업에서, 그리고 집단 작업에서 더욱 분명하게 나타났다. 집단에서 사회적 상호 작용과 응집력은 협동 프로젝트와 성과에서 또 다른 수준의 치료 효과를 추가했다. 원형, 인물, 상징, 이야기에 대한 반응은 재미있고 매력적인 방식으로 사회적 연결과 가능성을 열어주었다. 또한, 참여자들은 활동하는 동안 기술과 과정을 배웠고, 다양한 민족과 배경을 가진 사람들과 함께 작업했으며, 공통된 목적과 이유를 찾았다. 그리고 그들은 성취감과 자존감에 대한 자기인식을 높이기 위한 자가 평가도 참여했다.

마리온의 작업은 참여자들이 일상의 한계와 우려를 넘어서 이전에 경험하지 못했던 영역과 역할 및 관계로 이동시키는 예술치료의 힘을 보여준다. 이는 미래의 가능성을 열어주며, 각 개인의 삶을 더욱 확장시켜준다.

캐롤라인 밀러(Caroline Miller)
연극 치료사, 임상 심리학자 및 개인 실습 수퍼바이저,
뉴질랜드 상담사 협회 회원(MNZAC), 영국 연극 치료사 협회 국제 회원(BADTh)

감사의 말

이 프로젝트에 도움을 주신 모든 분들께 진심으로 큰 감사를 표한다. 이 작업은 장애인, 가족 구성원, 지원 직원, 팀 구성원 및 수퍼바이저를 포함한 활기차고 창의적인 지역 사회 안에서 이루어졌다. 우리가 어떻게 하면 만족한 삶을 함께 살 수 있을까에 초점을 맞췄고 함께 한 여정에 정말 감사하다.

특별히 캐롤라인 밀러에게 감사를 전한다. 캐롤라인 밀러는 내가 석사 학위 과정과 오랜 기간 임상 수퍼바이저 길에 영향을 주었고, 또한 나의 글을 격려하고 편집하는데도 도움을 주었다. 그녀의 기량과 지지는 이 작업의 항해에서 빛과 닻이 되었다. 그녀에 대한 나의 감사는 이루 말할 수 없다. 그리고 모래놀이를 사용하고 초기 5-핵심 스타 예술치료 개념을 만드는 동안 수퍼비전을 맡은 장 파킨슨(Jean Parkinson)에게도 이 책에 나오는 원형 카드를 선물했다.

마오리 개념(tikanga Māori)과 마오리어(te reo) 번역에 대한 지원과 조언을 해준 아나루 테 타이(Anaru Te Tai)와 티페네 레몬(Tipene Lemon)에게도 감사하다(Kia ora).

리넷(Lynette), 리비(Libby), 세넌(Shannon), 패트리샤(Patricia), 폴(Paul), 지미(Jimmy), 마릴린(Marilyn), 스테프(Steph), 올리버(Oliver), 아귀(Augi), 마이클(Michael), 비시(Visi), 융(Yung), 유리(Yuri) 및 존(John)에게 특별한 감사를 표한다. 이들은 모두 프로젝트에 다양한 방식으로 중요한 이바지를 했다. 우리의 공통된 직업적 관심사와 삶에서 충직한 동반자이자 영감을 주는 남편 로드 플라워(Rod Flower)에게도 감사하다. 또 아낌없는 사랑과 응원을 보내주는 우리 가족에게도 감사를 드린다.

건강한 삶을 기원하며(Kia ora koutou). "네 광주리와 내 광주리로 백성이 살리라." ("Naku te rourou, nau te rourou, ka ora ai te iwi.").

역자 서문

이 책은 저자 마리온이 지체장애인을 비롯한 모든 장애로 어려움을 겪는 사람들을 위해 온 정성을 다해 편찬하였고 역자도 이에 함께 기도하는 마음으로 번역하게 되었다. 현재 포스트 코로나 시대에 접어들면서 많은 사람들은 신체적 건강뿐만 아니라 심리·정서적 위기를 경험하고 있다. 특히 재난상황에서 취약한 장애인의 경우 의사소통제약이나 이동제약 등으로 비장애인에 비해 일상에서 겪는 고통과 심리적 어려움이 심각하다. 때문에 추가적인 고려사항이 더 필요하지만 현실적으로 돌봄이나 활동지원에 대한 서비스 제공에 어려움이 많고 도움을 줄 수 있는 연구와 서적도 부족하다. 무엇보다 장애범주에서 지속적으로 증가하고 있는 지체장애인에 관련한 심리·정서적 지침서는 찾기 힘들다. 이러한 이유로 지체장애인과 다른 어려움에 있는 사람들에게 힘과 용기가 될 수 있는 예술치료 서적을 소개해 도움을 주고자 한다.

이 책은 신체적·정신적으로 어려움과 갈등을 겪는 지체장애인 및 다양한 장애를 가진 사람들에게 미술치료, 놀이치료, 음악치료, 연극치료, 무용치료와 같은 통합예술치료를 통해 문제를 잘 해결해 나갈 수 있는 방법들을 전해주는 지혜서라고 볼 수 있다. 또한 저자 마리온은 통합예술치료에서 상징과 원형을 활용한 접근 방식을 통해 장애인들뿐만 아니라 비장애인들에게도 적용 가능한 실용적이고 효과적인 방법들을 제시하고 있다. 마리온의 다양한 민족과 배경을 가진 장애인들과 함께하는 예술 활동들은 그들이 가진 다른 수준의 치료적 효과와 잠재된 가능성을 보여주고 있다. 이러한 원형적 접근을 통한 예술 활동은 정서적, 신체적, 영성적으로 장애인 삶의 한계와 도전을 교차시키면서 새로운 예술치료의 발판으로 연결해주고 있다.

이 책의 1장은 개요와 소개, 2장은 치료 목표에 대한 계획 수립과 사례가 소개되며, 3장은 개인 예술치료로 요정 정원에 대한 사례연구와 4장은 집단 예술치료의 고대 문명과 여신 인형 등에 대한 사례 연구, 5장은 환경매체를 활용한 예술치료와 6장은 무용치료와 사례연구, 7장은 연극치료와 사례연구, 8장은 음악치료와 사례연구, 9장은 수퍼비전을 통해 수퍼바이저와 수퍼바이지의 역할 등을 소개하며 마지막 10장 결론에 이르기까지 다양하지만 구체적이고 매력 넘치는 이야기로 구성되었다.

이 책이 장애인들을 다루는 의사, 작업치료사, 언어치료사, 미술치료사, 연극치료사, 음악치료사, 놀이치료사, 무용치료사, 의학 및 심리상담 분야를 공부하는 학생과 교육자 등 모두에게 실질적 도움을 줄 수 있는 참고서가 되기를 기대한다.

끝으로 이 책이 나오기까지 믿고 맡겨주신 군자출판사 임경수 과장님께 진심으로 감사를 드린다. 또 격려와 지원을 아끼지 않은 김수진 편집자님과 출간에 도움을 주신 모든 직원분들께도 감사드린다.

누군가에게 등불이 되어 밝혀주기를

이은혜

CHAPTER 1

개요 및 소개

키워드: 지체장애, 다문화, 다학제,
원형(archetypal) 범위, 심리사회적 요인

개요

이 책은 다양한 이민자를 포함하는 유럽인과 마오리(Māri)인의 이중 문화 국가인 뉴질랜드〈*아오테아로아(Aotearoa)*〉 오클랜드의 건강 및 장애 단체에서 개인과 집단 통합(multimodal) 예술치료를 통한 일련의 사례 연구를 제공한다. 통합 예술치료는 물리치료 및 작업치료와 함께 재활 서비스를 통해 주거, 일상생활, 지역사회 등 지원 서비스를 제공하는 대규모 종합팀 내에서 제공되었다.

비록 사례 연구는 지체장애인들 대상으로 이루어졌지만, 원형적(archetypal) 접근과 역동적인 변형 과정에 관여하는 그들 능력은 다른 맥락에서도 동일하게 적용될 수 있다. 내담자 집단은 다음을 포함한 다양한 장애 어려움을 제시했다:

- 휠체어에 국한됨
- 상지 수축/손 장애
- 조정의 어려움
- 언어 장애, 언어 의사소통에 영향을 미치는 "비언어적" 또는 인지적 장애

- 시각장애와 자폐증

또한, 예술치료 회기에서 협력 치료가 필요한 다음을 포함하는 의학적 상태가 있었다:

- 뇌전증
- 경피적 내시경 위루술(PEG: Percutaneous Endoscopic Gastrostomy)
- 절개술(Tractotomy)

더 광범위한 다학제 팀에서 신체적 요구는 간호사, 지원 근로자, 물리 치료사, 요양 보호사 등 대부분 직원의 주요 초점이었고, 이동 장비 구입과 접근성을 위한 환경 수정을 담당하는 작업 치료사에게 종종 우선권을 주었다. 예술치료사는 심리적, 정서적, 영적, 사회적 요구가 더 큰 초점을 맞출 수 있는 전체적인 방법으로 참살이(Well–Being) 탐색에 대한 핵심 방법을 제공했다. 이는 의료 서비스에 대한 요구 사항에 있어 대응보다는 자기 인식과 지식을 기반으로 한 목표 계획 수립에 도움이 되었다. 조직 내에서 예술치료사 역할이 확립됨에 따라, 목표 계획과 일치하는 자원 접근을 돕는 지역 연결자의 새로운 역할도 도입되었다.

통합 예술치료는 신체기동성과 의사소통에 어려움이 있는 사람들이 가장 접근하기 쉽고 선호하는 예술 방식에서 작업할 수 있는 기회를 제공했다. 또한, 언어적 의사소통 필요성을 줄이는 동시에 치료 혜택을 확대하는 통합적 방법을 제공했다. 참여자들은 자신의 개인적 취향, 문화적 정체성 및 열망을 다른 사람들이 이해할 수 있는 방식으로 표현할 수 있었고, 이는 보다 만족스러운 삶으로 이어졌다.

예술 치료가 참살이 유지 역할을 했기 때문에 많은 참여자들이 장기간 참여하게 되었다. 이를 통해 개인 성장과 필요에 따라 다양한 범위 과정을 탐색할 수 있었고 이는 효과적으로 치료 역동을 지속시켰다. 원형적 접근은 예술, 환경 조각, 연극, 표현 무용 동작 및 음악 방식에서 효과적인 것으로 밝혀졌다. 원형적 접근은 또한 실제 경험을 쌓기 위해 예술치료를 도운 인턴과 자원 봉사자를 위한 지도 하에 통합되었다.

여기서 제공된 예술치료 중재와 수퍼비전 접근이 다양한 맥락에서 일하는 예술치료사와 관련 전문가들에게 적용될 수 있기를 바란다. 동시에 이 책을 쓴 첫 번째 의도는 지체장애인과 함께 활동하는 실무자들이 이용할 수 있는 문헌 격차를 해소하는 것이었다.

소개

실습 기반 탐구

지체장애인 내담자 집단과 함께 건강 분야에서 일하는 통합 예술치료사로서 매일 비공식적인 질문이 있었다. 제기된 질문은 "완전하고 자유로운 참여에 대한 물리적 장벽을 고려할 때, 내담자나 집단을 치료에 참여시키는 가장 효과적인 접근법은 무엇인가?"였다. 이 질문은 개인 중심의 개별 예술치료, 집단 치료 및 서비스가 7년 동안 발전하는 방식을 형성하는 데 도움을 주었다. 매일 실시한 조사는 시간이 지남에 따라 양식 전반에 걸친 관찰을 통해 패턴이 나타나면서 실습 기반 연구의 한 형태가 되었다. 결국 가장 치료적인 영향을 미치는 개입이 '원형'이라는 공통성을 깨달았다.

"원형"이라는 용어의 이해

"'원형'이 정확히 무엇이며, 이것을 다른 치료사와 가장 잘 공유할 수 있는 방법은 무엇인가?"라는 새로운 질문이 제시되었다. 이 가운데, 간결한 표현을 찾는 데 다소 애매한 부분이 있었다. Roesler(2012)는 "수많은 사물과 매우 다른 개념을 원형이라고 부르기" 때문에 원형을 정의하는 데 문제가 있다고 지적한다(p.6).

- 상징적 대상(예: 인형, 상징적으로 사용되는 일상적 대상)
- 상징적 모양(예: 달걀, 나선형, 원, 십자가)
- 신화 이야기(예: 마우이의 전설, 페르세포네와 계절)
- 신화 인물의 창작(예: 요정, 여신)
- 이야기 패턴 사용(예: 왕과 왕국)

- 의식(예: 공물〈供物〉, 귀향)
- 영적 개념(예: 성경 참조, 신성한 의식 축제)

겉보기에는 다양하지만, 이러한 개념은 매력적이고, 활기차고, 변형적인 방식으로 상상 영역에 진입점을 제공한다는 공통점이 있었다. 칼 융(Carl Jung)은 다음과 같이 이론화했다:

> 원형은 인간 행동 양식에 따라 유전되고 선천적이며 구조적 성향을 띤다. 원형은 모든 인간에서 유사한 전형적인 행동으로 자신을 표현한다. 그리고 또한 감정, 신화적 환상 이미지, 그리고 "추상적" 원시적 생각들에서만 내적으로 인식될 수 있는 표현 형태를 가지고 있다. (von Franz 1999, p.6)

그의 이론을 공식화하는 과정에서, 융은 다양한 관점에서 작업했다고 한다. "그는 과학자로서 자신의 생각을 명확하고 이해할 수 있는 방식으로 발표했다." 반면에, "그것은 마치 그가 다른 내면의 목소리를 말하도록 초대한 것과 같았다." 이는 모순적으로 보일 수 있으므로 "독자는 질문과 의문 상태"에 남긴다(Chodorow 1997, p.3). "원형"이라는 용어가 가장 잘 풀리고 여러 관점을 통해 드러나는 시점에 도달한 것으로 적절해 보였다. 이는 완전히 형성된 생각이 아니라 일견을 통해 의식과 상호 작용하기 위해 무의식에 따라 원형적 참여가 어떻게 발생했는지에 대한 반영을 제공했다. Roesler(2012)가 제안한 것처럼 "진정한 원형은 의식이 접근할 수 없지만 초월적 성격을 띤다"(p.227).

융은 의식과 무의식이 서로 "반대" 개념으로 변형 과정이 일어나며(von Franz 1999, pp.9–11), 이 둘도 "정교하게 조정된 평형 일부로 상호작용 한다"(p.10)는 개념을 고안했다. McNiff(2017)는 "다른 많은 사람처럼, 나는 예술적 지식과 치유 경험을 통해 예술치료에 이르는 길을 찾았다. 그 패턴은 원형이다."라고 말했다. 그는 더 나아가 "예술 과정은 아는 것과 성찰하는 마음보다 앞서는 여러 단계"(p.275)라고 말했다. Scategni(2015)는 "원형적인 이미지는 물리적 현실과 소위 '영혼의 현실' 사이의 관문 역할을 한다"(p.29)고 제안했다. Knill(2017a)은 또한 두 가지 다른 상태를 설명했다. "일상 생활에서와 같은 세계화의 습관적 경험"과 함께 "세계화의 '타자' 또는 '대체' 경험인 상상 공간에서 나오는 것들"(p.35)이 그것이다. 이러한 각 관점은 통합 예술치료 공간 내에서 활동하는 원형을 고려할 때 도움이 되었다.

통합 예술치료는 집단에서 두 가지 이상 양식을 제공했고, 때로는 개인 회기를 통해 치료 과정의 여러 진입점과 하나의 창의적 과정이 다른 것과 반응할 수 있는 양식 간 유동성을 제공했다. 이는 무의식 과정을 심화시키는 관점에서 참여 기회를 극대화했다. 이를 통해 다양한 양식 선호도를 충족시켰고 창의적 다양성은 더 큰 자극을 제공했다. 참여자들은 예술치료 과정과 예술 기법에서 다재다능해질 수 있으며, 이는 장애 인식과 지지를 촉진하기 위한 공개 토론회에 참여하려는 목표를 가능하게 했다.

다문화적 맥락에서 원형적 접근 적용

원형의 본질과 기원은 장기적인 과학적 논쟁의 주제였다. Jung(1964)은 "인간의 몸이 하나 전체 기관 박물관을 대표하는 것처럼, 각각은 그 이면에 긴 진화 역사를 가지고 있다. 그래서 우리는 마음도 비슷한 방식으로 조직되어 있음을 발견해야 한다"라고 말했다(p.67).

> 생물학에서 전형성론은 유기체를 생산하기 위한 정보가 접합체에 포함되어 환경에서 "판독" 한다는 관점이다. 분석 심리학의 유사한 입장은 원형이 정신에 이미 존재하며 경험으로 "판독" 한다는 것이다. (Merchant 2009, p.340)

최근 관점은 "원형은 유전자와 환경 사이의 발달적 상호작용으로 인해 발생하는 창발(創發)적 구조이며, 이는 각 개인에게 고유한 것이다"를 포함한다(Merchant 2009, p.342). 이를 염두에 두고, 다양한 민족과 배경을 가진 사람들에게 통합 예술치료를 제공할 때, 원형적 개입이 문화 전반에 걸쳐 동등하게 관련성이 있는지 여부를 다루는 추가 질문이 있었다. 실제 관찰한 결과, 사용된 원형 방식은 모든 참여자가 동등하게 접근할 수 있었으며, 참여자 자신의 기원과 배경 문화에 특정 방법으로 연관시킬 수 있었다.

von Franz(1999, p.44)는 무의식에는 네 가지 수준이 있다고 다음과 같

이 제안했다:

- 개인 무의식(억압된 기억)
- 집단 무의식(예. 대가족〈whanau〉)
- 대규모 국가 단일성의 무의식(민족 고유의 상징)
- 보편적 무의식(전 인류에게 공통)

이것은 원형이 다양한 배경을 가진 집단 참여자에게 어떻게 반향을 일으켰으며 개별 치료 필요성과 관련된 방식으로 개인화 될 수 있는지를 설명하는 것으로 나타났다.

융기안 접근의 제한 사항 적용

융은 정신과 환자 및 그와 상담한 다른 치료사와 실습해 원형 체계에 대한 이해를 발전시켰다. 그는 분석을 통해 무의식 과정과 특히 꿈의 상징성을 활용함으로써, 그들 치유와 개인적 성장을 촉진할 수 있었다. 융기안 또는 분석 심리학자들은 분석을 실천의 기초로 삼았다.

분석이 예술치료 실천 범위를 벗어났다는 것을 명확히 하는 것이 중요하다. 융의 아니마(anima)와 아니무스(animus) 이론, 개성화(individuation), 상징에 부여된 의미에 대한 참조가 있어 치료사 이해를 도왔다. 그러나 치료 당시, 의미 형성은 주로 내담자에게 남아 있었다. 이 접근 방식은 Granot 등(2017)이 표현한 관점과 일치 한다:

> 융기안 예술 치료사들(Jungian Art Therapists; JT)은 내담자의 의식적, 무의식적 힘과 그들 창의적 능력을 신뢰하기 때문에 겸손하고 공감적으로 자연스러운 발달 과정을 촉진하고 동반하는 사람으로 인식된다. "내담자에게 무엇이 최선인지 아는 사람은 우월한 지위를 포기한다는 것을 의미한다. 나는 내담자보다 더 똑똑하다고 생각하지 않는다. 나는 그들과 함께 있다." (p.5)

해석은 치료 과정을 죽일 수 있는 것이다. 왜냐하면 정신에는 자신만의 방식이 있기 때문이다. 우리는 빙산의 일각만 볼 뿐이다. 내담자가 스스로 해석에 도달하는 것이 바람직하다. (p.9)

치료적 출입구로서 원형적 접근

신체적 이동성과 제한된 발성 능력이 장벽을 제시한 반면, 원형적 접근은 무의식적인 창의적 과정으로의 해방을 위한 기회를 제공했다. 예술치료 분야의 선도 연구자이자 실무자인 Rainbow Ho(2017)는 어린 시절 일시적으로 말을 하지 않았던 자신의 경험을 설명했다. 그녀는 언어화에서 완전히 손을 뗄 정도로 사회적 대화에 참여하는 능력을 지연시켰던 복잡한 사고 과정을 묘사했다. 그녀는 예상대로 정신과 진단과 치료를 위해 보내지기보다, 댄스파티에 보내졌고, 여기서 춤은 그녀가 "완전히 자유로운" 자신을 발견한 "거대한 세상의 문을 열었다"고 말했다.

분명한 차이는 있지만, 춤 동작에서 호(Ho)의 해방감과 유사점을 도출할 수 있다. 많은 예술치료 참여자는 출생 시 뇌 손상이나 신체 마비로 인한 사고 과정의 지연, 또는 후천적 언어에 영향을 미친 건강 악화를 통해 언어장애가 되었다. 그러나 그들은 호가 춤을 통해 찾은 열린 문을 찾지 못하게 하는 물리적 함정의 덫을 경험했다. 반면에, 시작은 여러 양식에 걸쳐 원형적 접근을 통해 나타났다. 양식이 유의미한 치료적 차원을 제공하지만, 개입의 원형적 측면에 대한 마음의 참여와 그 구현은 더 두드러지게 변형적이었다.

공중 보건 내 장애를 위한 예술치료

Baum(2016)은 공중 보건 서비스를 이용하는 장애인이 더 높은 수준의 빈곤과 전반적인 건강, 교육 성과 및 소득 창출 기회에서 더 낮은 수준을 경험했다고 밝혔다. 그녀는 일상생활의 각 측면에 참여하기 위해 도움이 필요한 경우, 모든 고비마다 어려움이 있을 수 있다고 지적했고, 서비스가 여전히 불충분하다고 제안했다(pp.273–274). 바움은 "고립"과 "빈약한 사회 연결망"이 "건강 악화"를 초래하는 "심리 사회적 위험 요소" 측면에서 중요하다고 언급했다. 진정한 시민의식과 개인의 힘 부족, 그리고 "낮은 자존감" 또한 요인이었다(p.325).

그녀는 또한 "장기 만성 스트레스"가 "만성 질환, 우울증 및 불안"을 초래한다고 말했다(p.331). 명명된 스트레스 요인 중 다음은 내담자 집단에 직접적인 영향을 미치는 것으로 식별할 수 있다:

- 가정생활에 대한 통제력 부족
- 빈곤—저소득 관리
- 차별
- 사회적 고립 및 의미 있는 접촉 부족
- 실업
- 정신건강 관리를 추구하는 데 있어 장벽: 문화, 재정, 계층, 성별

(Baum, 2016)

추가 요인은 다음과 같이 확인되었다:

- 의료 개입 및 시설 수용을 통한 출생 및 아동기 외상
- 애착 및 포기 문제
- 인식된 개인 및 문화적 정체성 결여
- 신체적, 정서적 학대

원형적 접근은 집단 토론회에서 억제할 수 있는 방식으로 깊은 심리적 상처로부터 회복 필요성을 충족시키는 데 특히 효과적이었다. 그들은 룸메이트나 지원 직원과 함께 집단에 자주 참여했기 때문에 사생활, 기밀성 그리고 익명성은 유지하기 어려웠다. 이 사실이 알려졌더라면 민감한 자료를 오용할 수 있었을 것이다. 원형적 접근을 통해 상징적 수준에서 작업하는 것은 정서적 안전과 치료적 통합을 제공했다. 중요한 것은, 관련된 서비스 사용자가 그 과정이 즐겁고 재미있다는 것을 알게 됐다는 것이다.

다른 내담자 집단과 장애 상황 비교

Howie 등(2013)은 다양한 인구 및 문화 집단과 관련된 여러 연구를 제공하여 유용한 유사점을 제공했다. Glassman(2013)은 기법 개발이 미술 스튜디오 접근 방식의 일부고 전시회는 치료 계약의 일부인 학교 집단을 설명했다(pp.153–181). 장애가 있는 내담자 집단은 유사한 치료 계약과 목표를 가지고 있었다. Councill과 Phlegar(2013)는 의학적으로 취약하고 기대수명이 단축된 진단을 받고 산다는 것이 무엇을 의미하는지, 그리고 예술치료가 그들 참살이에 어떻게 이바지했는지 탐구했다(pp.203–213). 대부분 재활 서비스 참여자는 의학적 취약성, 연령 관련된 신체 악화, 그리고 기대수명 단축 등이 영향을 미치는 것으로 나타났다.

한편, 장애인과 관계에서도 차이를 확인할 수 있었다. Sobol과 Howie(2013)는 아동기 발달에 영향을 미치는 세대별 가족 패턴 영향과 "문화적 규범"(pp.245–255)의 확립을 설명했다. 이는 상당수 서비스 사용자가 원가족과 분리되어 유아기때 시설에 수용됨에 따라 인식된 가족 영향이 없는 상황에서 어떻게 되었을지에 대한 의문으로 이어졌다. 그들 양육은 소외된 하위문화 구성원으로 이어지는 통로가 있었다. 또한 Gnatt(2013)은 외상에 대한 반응이 보편적이지만 경험에 대한 해석은 예술 개입을 통해 문화적 기반 요소를 분명히 가지고 있다는 관점을 제시했다(pp.234–244). "*본능적 외상 반응*"(p.236)을 고려할 때, 독립적으로 움직일 수 없는 사람들을 위한 "투쟁–도피" 선택권이 없음을 인정하고, 이것이 어떻게 외상 경험을 증폭시키고 강화되는지 공감하는 수준에서 이해하는 것이 중요하다.

협력 여정

예술치료는 지체 장애인이 직면한 인류 공통의 도전과 "완전한 신체능력이 있는" 사람들이 경험하는 일상적인 투쟁을 넘는 어려움을 표현하고 대처 수단을 제공했다. 이 내담자 집단의 필요성, 관심사, 창의력, 잠재력과 용기가 각 단계에서 길을 안내했다. 그들의 예술 치료사로서, 나는 원형적 접근의 대리인이 되어 진보에 대한 증인이자 그들이 전 세계적으로 다른 사람들과 이익을 나누기 위해 열망했던 창의적인 치료 여정 동반자가 되는 특권을 누렸다.

CHAPTER 2

치료 목표 계획 수립

키워드: 예술치료 5–핵심 스타(5–Pt Star) 모델,
상징, 원형카드, 시각적 목표설정, 자가 평가

예술치료 5-핵심 스타 모델 및 평가

예술치료 5–핵심 스타(5–Pt Star) 모델은 2008년 영어로 포스터 도표가 처음 만들어졌으며(Gordon–Flower 2014a, p.51), 나중에 치료적 초점과 잠재적 혜택 영역에 대한 공동 이해를 촉진하기 위해 마오리어로 번역되었다. 이는 관련된 성인의 통합 예술치료 집단을 위해 지역사회 환경에서 사용되었다. 포스터는 회기 시작 시 5개 영역이 각각 포함될 것이라는 이해 하에 검토하고 논의했으며, 결과적으로 균형 잡힌 접근 방식을 제공했다. 5가지 영역은 자기 성찰, 변형적 참여/행동, 관계, 미적 기술/과정 및 생활양식 개발이었다(그림 2.1과 그림 2.2는 다양한 집단 설정에서 사용하기 위해 생산된 모델의 최신 버전을 보여준다). 각 회기가 끝날 때 제기된 질문은 "치료 공간에서 당신 삶에 도움이 될 수 있는 무엇을 가져갈 것인가?"였다.

이 모델은 2009년 건강 및 장애 조직에서 채택되었으며 5개 영역은 실제로 개선된 결과 도구인 예술치료 5–핵심 스타 평가로 개발되었다(Gordon–Flower 2014a, b, 2016). 예술치료 5–핵심 스타 평가는 재활에서 물리치료와 작업치료가 제공하는 결과를 함께 기록했다. 이 모델과 평가는 전체론적(holistic)이며 찰스랩 강점모델(Charles Rapp Strengths Model), 사람중심계획(Person Centered Plan: PCP) 및 마오리 건강모델(Te Whare Tapa Whā

Māori Model)을 포함하여 뉴질랜드(마오리어: Aotearoa)의 건강 및 장애 부문에서 채택된 강점 기반 모델과 호환된다. 평가 방법은 예술치료사의 관찰과 내담자 또는 중요한 다른 사람(즉, 가족 및 지원 직원) 피드백을 조합해 기초했다.

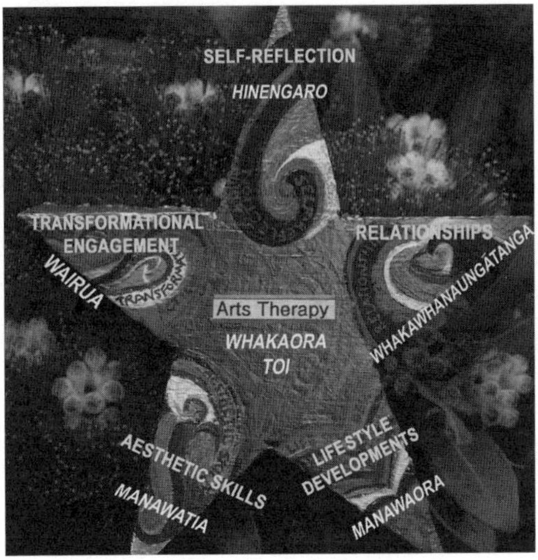

그림 2.1 *영어 및 마오리어의 예술치료 5-핵심 스타 모델 (컬러 버전은 삽입 참조)*

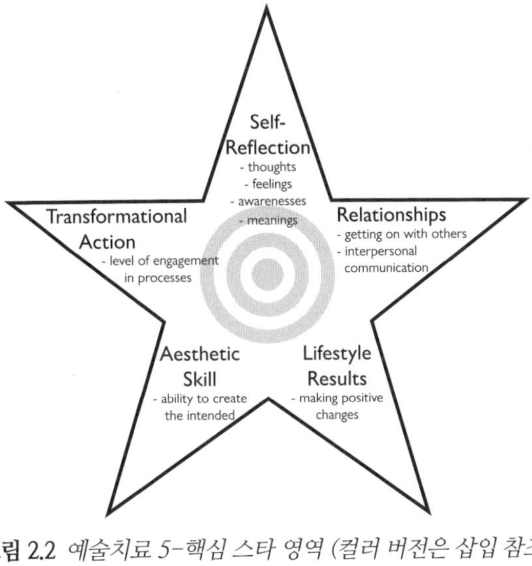

그림 2.2 *예술치료 5-핵심 스타 영역 (컬러 버전은 삽입 참조)*

2012년, 평가 도구는 뉴질랜드 건강 및 장애 윤리 위원회(H&DC)를 통해 국제 연구 대상이 되어 다른 상황에서 예술 치료사와 그 내담자 집단에 5개 영역의 적용 가능성과 평가 방법을 확립했다(Gordon-Flower 2016, pp.70-71). 그 결과 5개 영역의 적용 가능성과 개별 기준의 각각 다른 상황에 대한 평가 적응성을 입증했다.

연구 결과 가운데 하나는 다양한 종류의 능력과 장애를 가진 사람들이 자신의 진행 상황을 평가하고 공유하는 데 유용한 자가 평가 양식을 개발한 것이다. 이는 심각한 지체장애인과 언어장애인뿐만 아니라 언어적으로 명확하고 신체적으로 더 잘 기능하는 사람들도 접근할 수 있도록 설계되었다. 전략에는 인터뷰 접근법, 시각장애가 있는 참여자를 위한 큰 글꼴 크기 사용, 눈금 목록 및 등급 척도를 통한 선택이 포함되었고, 공개 질문도 있었다. 언어장애인을 위해, 치료사는 다양한 치료적 만남에서 그 사람에 대한 지식에 의존하여 선택권 기회를 제공했다. 통합된 접근법은 참여자가 자신의 진행 상황에 대해 피드백을 제공하는 효과적인 수단임을 입증했고, 다음 단계에서 개인 및 집단 치료 목표를 개발하는 데 도움이 되었다.

평가 도구와 자가 평가 양식 모두 보고 시 관련 질적 및 양적 데이터를 제공하는 유효한 수단으로 정부 자금 지원 기관에서 승인했다. 두 방법 모두 장애인이 재활 서비스를 통해 예술치료 기회를 계속 이용할 수 있도록 하는 데 중요한 역할을 했다. 궁극적으로, 서비스 이용자가 예술치료 참여의 장점과 어려움에 대해 자가 평가서를 통해 직접 피드백을 할 수 있는 선택권은 타인에게 평가받는 것보다 선호되는 것으로 인식되었다.

개인 및 집단 치료에서 상징의 사용

목표 설정과 진행 보고에 대한 더 형식적인 접근 외에도 예술 기반 접근은 목표 수립과 결과를 반영하기 위해 사용되었다. 상징은 개인 및 집단 통합 예술치료에 자주 사용되었기 때문에 특히 효과적이었고, 이 도구는 목표와 결과에 쉽게 쓰여질 수 있었다.

치료에서 상징의 사용은 모래놀이 치료와 어느 정도 일치하였다. Friedman과 Mitchelle(2008)은 "모래놀이는 내담자의 상상 세계를 구체적으로 표현하여 그들 상징적 세계를 밝히고 안전한 용기(container)인 모래상자를 제공한다" 라고 말했다(p.1). 모래놀이 치료에서, 미니어처 인형은 종종 모래에 층을 이룬 3차원 그림으로 나타나는 것을 만드는 데 사용된다. 내담자는 모래를 물결 모양으로 만들 수 있고 어떤 물건은 묻고 다른 물건을 들어 올리거나 상자에 물을 부을 수도 있다. 이 모든 것이 치료 과정에서 중요하다(Granot et al. 2017, p.6). 이는 서비스에 종사하는 대부분 내담자에게 물리적으로 가능하지 않았을 것이다.

상징은 분석 없이도 상상 영역과 변형 과정으로 접근할 수 있는 통로를 제공했고, 이에 따라 치료사는 참여자의 과정과 "출산 과정의 (일종의)조산사" 증인이 되었다(Granot et al. 2017, p.9). 모델 간 접근은 치료적 만남을 확장 및 심화시키고 다양한 양식에서 외현화된 창의적 표현 사이의 대화를 만들기 위해 사용되었다(McNiff 1992, 2004; Knill, Levine and Levine 2005; Levine and Levine 2017). 많은 예술치료 참여자들이 언어 장애를 앓았거나 비언어적이었던 재활 맥락에서 대화는 말을 필요로 하지 않는 방식을 통해 이뤄졌다.

재활 환경에서 사용하기 위해 상징을 제공하는 데는 실제적 고려가 있었다. 물리적 지원에 의존하는 내담자가 참여하기 위해 개별치료와 집단치료 모두에서 사용하기 위해 시각적, 물리적으로 접근할 수 있어야 한다는 점이다. 상징물은 저시력 장애인들이 선택할 수 있을 만큼 충분히 커야 하고, 협응 어려움과 손 장애가 있는 장애인들이 잡기에 적합해야 했다. 또 휠체어나 바닥에 떨어뜨렸을 때 치료사와 보조원들이 쉽게 회수할 수 있어야 했다. 의미 있는 상징을 얻고 물리적으로 보유할 수 있다는 것은 치료 참여와 과정의 중요한 측면이었다. 휠체어 탁반은 모래 상자와 유사한 용기 형태를 제공하고 필요한 시각적, 물리적 접근성을 제공하기 위해 효과적으로 활용할 수 있다. 대안으로, 용기를 제공하기 위한 수단의 도화지 한 장을 테이블 위에 놓았다.

무용과 연극 집단에서 상징은 인물 역할을 지원하기 위해 자주 선택되어 움직임이나 극적 공간으로 옮겨졌다. 그림 2.3에 표시된 상징은 참여자가 잡고 있거나 무릎 위에 또는 휠체어에 나란히 놓기에 적합한 크기였다. 선택한 작은 물체에는 고리가 부착되어 손가락에 고리를 걸고 성공적으로 잡을 수 있었다.

그림 2.3 *손에 장애가 있는 사람이 잡기에 적합한 상징들*

목표 및 결과에 대한 상징 사용 방법

참여자들은 다음을 수행하도록 요청받았다:

- "나는 지금 어디에 있고, 어디에 있고 싶은지"라는 문장에 대한 응답으로 두 개의 상징 또는 상징 그룹을 선택하시오.
- "예술치료 여정의 가장 큰 하이라이트와 내년에 내 인생에서 이루고 싶은 것"에 대한 상징을 선택하시오.

상징 및 예술치료 5-핵심 스타를 결합한 목표 설정

무용 예술의 새로운 과정이 시작될 때, 첫 3회기는 개인 및 집단 목표 설정에 중점을 두었다.

Session 1

각자가 74가지 다른 가능성(Myss 2003)에서 두 장의 원형 카드를 선택하여 매주 무용 회기를 통해 탐색하고 일상생활에서 집중하고자 하는 성격의 강점을 지닌 인물 역할을 만들었다. 카드는 더 큰 가시성을 위해 컬러복사기에서 확대되어 일 년 내내 참여자들이 사용할 수 있었다.

Session 2

각자 춤을 통해 인물 표현이 쉬운 곡을 선택했다. 집단은 안무와 공연에서 원형적 역할과 다양한 음악 선택을 통합할 수 있는 주제의 가능성을 고려하기 시작했다.

Session 3

예술치료 5-핵심 스타는 큰 형식으로 발표되었다. 각각의 5개 영역을 설명하기 위해 선택한 단어는 무용에 통합해 적용할 때 참여자들이 가장 쉽게 이해할 수 있는 용어를 제공했다(그림 2.5 참조):

- 자기 성찰: 나 자신과 조화; 내가 느끼는 방식/생각
- 성장-변형 과정: 수행에 참여
- 관계: 다른 사람들과 어울리는 것을 즐김
- 학습 및 성장: 예술/무용 기술 향상
- 생활양식 및 자신감: 나의 원형을 삶으로 가져옴

참여자들은 삶의 이 측면이 어떻게 발전하거나 유지되기 원하는지를 상징하기 위해 각각의 5개 영역에 대한 대상을 선택했다. 이는 그들이 5-핵심 스타 틀을 통해 양식과 잠재적인 치료 이점 사이에 더 강력한 연결을 만드는 데 도움이 되었다.

사례 연구: 5-핵심 스타 및 상징을 사용한 앤디의 목표 설정

앤디(Andy)는 언어 장애가 있는 50대 남성으로, 언어적 의사소통이 매우 어려웠다. 그는 손의 손상을 최소하면서 상지 움직임과 협응력이 좋았고, 이동을 위해 수동 전동 휠체어를 사용했다. 그는 체육관에서 안전바를 사용하여 일어설 수 있었고 제한된 시간 동안 서 있을 수 있었다. 또한 무용과 연극 회기를 모두 참석했고, 무대 파트너와 함께 휠체어에서 몸을 일으키는 데 성공해 관객들을 위한 뜻밖에 무용 공연으로 의기양양한 순간을 보냈다. 이러한 집단 안무를 이끌기 위해 체육관에서 준비하고 연습하는 데 여러 주의 노력이 필요했다.

앤디는 5-핵심 스타 평가 인터뷰에서 연극을 선호한다고 밝혔다. 무용 안무에 참여하는 것은 전동 휠체어를 타고 집단 움직임을 따라가는 면에서 어려울 수 있다. 그는 두 집단의 인물 역할을 만들고 구현하며 의상을 제작하는 것을 매우 즐겼다. 그는 물감과 붓으로 그림을 독립적으로 그릴 수 있었고, 종이는 탁반에 고정했는데, 이는 그가 또한 즐겼던 통합 예술치료의 한 측면이었다. 상징 작업에서, 그는 항상 낮은 탁자에 놓인 대상을 선택할 준비가 되어 있었는데, 이는 그의 생각과 감정을 외현화 하는 데 도움이 되는 과정이었다. 그는 선택한 상징이 휠체어 탁반에 놓이면 집어 들고 잡아 위치를 지정할 수 있었다(그림 2.4).

그림 2.4 *상징 배치 및 반영을 위해 휠체어 탁반을 사용하는 참여자(앤디)*
(컬러 버전은 삽입 참조)

무용에서 5-핵심 스타 양식에 접근할 때 앤디는 인물 개발을 위한 초점으로 “처녀” 및 “신비한” 카드(Myss 2003)를 선택했고, 이는 그의 목표 계획에서 순위 배치의 중심이 되었다. 그는 자신의 인물 역할을 지원하고 군무에 이바지하기 위해 록셋(Roxette)의 “사랑이었나봐(It Must Have Been Love)”라는 노래를 선택했다. 그가 선택한 카드와 곡의 조합에는 열애 애착에서 벗어나 자신의 영적 자질과 강점을 중심으로 새 출발을 요구하는 암시가 담겨 있었다. 그림 2.5는 5-핵심 스타 양식으로 배치된 앤디의 상징을 보여준다.

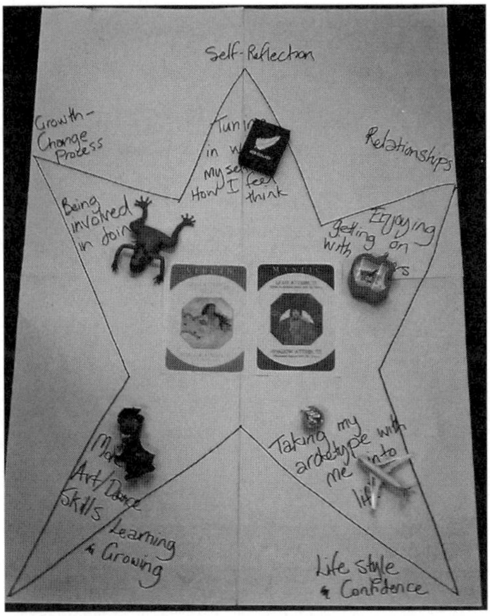

그림 2.5 *핵심 스타 양식으로 표시된 무용단 참여자(앤디의) 상징*
(컬러 버전은 삽입 참조)

앤디가 선택한 상징은 개인, 문화 및 원형이 혼합되어 있으며, 5-핵심 스타 양식에 맞다(표 2.1).

표 2.1 앤디의 5-핵심 스타 목표 상징

5-핵심 스타 양식	도표 내역	앤디의 선택
자기 성찰	나 자신과 조화; 내가 느끼는 방식/생각	은색 테두리 엠블럼(emblem)과 '전체 검정색 럭비팀'이 사용하는 '뉴질랜드'가 들어간 견고한 검정색 상자다. 남성성과 국가 정체성의 상징으로 인식된다.
변형적 참여/행동	성장 변형 과정; 수행에 참여	변형에 대한 원형적 상징인 개구리, 그리고 물에서 수영을 잘 할 수 있고 들의 백합과 마른 땅 위를 펄쩍펄쩍 뛰는 파충류 동물이다.
관계	다른 사람들과 어울리는 것을 즐김	밖으로 가져온 물린 사과 모양의 분홍색 시계. 그 물건은 장난스럽고 면죄부를 제안했다. 또 시간의 흐름, 능동적인 계획의 필요성, 동시성을 통해 모든 일이 적시에 이뤄질 수 있음을 시사했다.
미적 기술/과정	학습 및 성장	학사복을 입고 모자를 쓴 곰이 성과와 보상이 있는 학습을 나타내는 책을 들고 있는 모습이다.
생활양식 개발	나의 원형을 삶으로 가져옴	선택된 두 개의 대상: 디스코 춤 무대에서 사용하는 거울로 된 다면적 공과 비행기. 그의 관계와 삶에 대한 접근에는 나가서 즐기고 역동적으로 다가서고 싶은 사람이 있다는 느낌이 있었다.

위와 같은 관찰을 했지만, 나는 집단원들과 함께 증인 역할을 하였다. 나는 그가 만든 의미를 혼란스럽게 할 수 있는 어떤 의미의 간섭도 피하고 싶었다. 대상이 도표에 올바르게 배치되고 그가 완전히 만족한 후, 나는 도표에 쓰여진 설명을 읽고 그의 선택 대상에 대해 인정하면서 각 5-핵심 스타 영역을 살펴보았다. 나의 의견은 사실에 기반을 두고 최소한 질문을 던졌다. "뉴질랜드인과 전체 검정색 상징은?" "점프할 수 있는 개구리인가?" "재미있는 시계 같은가?" "졸업하는 곰인가?" "무도회와 비행기를 함께? 그것도 재미있을 것 같다!" 각각 사례에서, 앤디는 우리가 증인 집단으로서 그의 목표 배치를 높이 평가하면서 나의 관찰이 올바른 방향으로 가고 있음을 확인시

켜 주었다.

몇 달 후, 앤디가 상징과 5-핵심 스타 도표 조합을 사용하여 세운 목표와 일치하는 변화를 만들었다는 주요 지표가 있었다. 그가 무용 안무를 위해 선택한 중요한 곡은 뱅가보이(Vengaboys)의 "뜨거운, 뜨거운, 뜨거운(Hot, Hot, Hot)"이었다. "바지에 불이 났어!" 라고 시작한다. 우리가 배경으로 내려받은 유투브 영상에는 해변 파티 장면, 사람들이 즐겁게 춤을 추는 모습을 성적으로 도발적인 모습이 담겨 있었다. 그것은 이전 춤 과정에서 "처녀"와 "신비"라는 원형 카드를 동반했던 록셋의 "사랑이었나봐"의 느리고 향수 어린 약간 슬픈 연주와는 거의 정반대였다. 앤디는 적어도 감정적인 의미에서 그림 2.5와 같은 5-핵심 스타 양식의 일상생활 영역에서 상징을 사용하여 시각화한 위치에 도달했다. 그는 더 이상 회상과 성찰의 공간에 집단을 초대하는 것이 아니라 선택한 노래와 동반된 춤 동작의 활력과 생동감을 탐구하는 순간에 있는 것을 경험하는 것이다. 그는 과거로부터 완전히 존재하고 자유로우며 자발적이고 관능적인 일에 참여할 준비가 되어 있는 곳에 도착했다. 무용단은 뱅가보이(Vengaboys)의 영상에서 일부 안무를 활용하여 그의 새로운 여정 단계를 지원할 수 있었다. 그들은 대부분 휠체어를 타고 다음 무대에서 공연했다.

결론

가장 최근 개발된 예술치료 5-핵심 스타 모델 및 평가에서는 언어장애를 비롯한 장애가 있는 내담자가 치료 목표 계획의 기초로 피드백을 제공할 수 있는 자가 평가 과정의 도입이 있었다. 또한 내담자 집단은 상징과 함께 예술치료 5-핵심 스타 양식을 활용하여 자신의 치료 목표를 설정하고 원형적 접근방식을 따르는 것이 가능했다.

상징은 자기 성찰의 수단을 제공했고, 예술치료 과정은 지체장애인 참여자들에게 즉시 참석해 접근할 수 있음이 입증되었다. 또 상징과 예술치료 5-핵심 스타 양식이 결합할 때 참여자는 개인의 의미 있는 형식에 사용된 적절한 치료 목표를 쉽게 설정할 수 있었고, 무의식적으로 마음을 사로잡을 수 있었다. 앤디의 목표설정과 치료적 참여는 그가 선택한 상징과 관련된 발전을 가져왔다. 상징적 목표 설정을 기반으로 한 치료 여정은 그가 더 큰 역량을 발휘할 수 있는 정서적 참살이의 새로운 단계로 이끌었다.

CHAPTER 3

개인 예술치료

키워드: 외상, 상징, 요정, 의식, 귀향, 개성화(individuation), 아니무스(animus), 쌍둥이

사람 중심(person-centered) 접근 방식에서는 내담자 치료 목표와 개성화된 참여 방식이 일치하지만 매우 다른 치료 여정의 방법으로 두 가지 개인 예술치료 사례 연구가 제시된다. 마이아(Maia)의 경우 상징으로 배치된 사회적 상황 이야기 게시판이 사용되었다. 두 번째 원형적 접근은 공물과 제례의식으로 나타났는데, 이는 폐쇄와 통합을 가져오는 적절한 방법이었다. 제이미(Jamie)의 경우 한 과정을 통해 요정 정원을 살아있는 예술 작품으로 만들겠다는 목표가 생겼다. 요정과 정원을 만드는 주요 초점 외에도, 자기 주도적 그림 그리기가 진행되었다. 이 그림은 요정의 원형에 참여함으로써 개성화에 대한 시사가 있음을 드러냈다. 두 여성 모두 원형과 밀접하게 관여하는 길을 택했으며, 이는 그들에게 변형적이었다.

사례 연구: 사회적 상황 이야기 게시판

내담자 배경

마이아는 30대 후반 여성으로, 뇌성마비를 앓아 이동성과 언어에 심각한 영향을 미쳤다. 그녀는 걸을 수 없었고 상지와 손이 수축되어 있었다. 그녀는 이동을 위해 헤드 구동 전동 휠체어를 사용했고 헤드봉(Head Wand)에 부착된 붓을 사용하여 그림을 그렸다. 그녀는 또한 언어 장애가 있었고 구두

로 명확히 표현하기 위해 헤드봉을 사용하여 의사소통 장치나 맞춤법 차트로 전달했다. 그녀는 중복장애 정신건강팀의 심리학자로부터 예술치료를 의뢰받았다. 그는 그녀가 감정 조절 방법을 발달시키도록 돕고 있었고 예술치료가 그녀의 해결되지 않은 슬픔을 탐색하는 데 도움이 될 수 있음을 깨달았다.

예술치료 개요

예술치료는 매주 1시간 6회기에서 다음과 같은 접근으로 진행되었다:

1. 상징을 활용한 관계도 및 사회적 상황 이야기 게시판 개발
2. 공물 창작 및 제례의식 개최
3. 캔버스에 그리기
4. 멘토와 함께하는 여정

전개된 충격적인 사건의 민감한 특성 때문에, 마이아는 자신의 이야기를 공유하기 위한 제한 범위를 두었다. 그녀는 회기에서 우리가 함께 개발한 과정을 공유할 수 있지만 개인적 경험 내용은 공유할 수 없다고 말했다. 또한 사용된 것과 유사한 시각적 대본을 재구성할 수 있지만 자신의 작품 사진을 사용할 수는 없다고 했다(마이아는 사례 연구를 낭독하는 것을 들었고 이 연구가 출판되도록 전적으로 승인했다).

예술치료 프로그램을 통한 기록

7년 전 마이아가 처음 일대일 회기에 참석했을 때, 그녀는 30세였고, 정체성의 전체가 과거 외상에 의해 소모된 것처럼 보였다(Lubin and Johnson 2008, pp.64-65). McAdams(1993)는 "생후 첫 2년은 자기(self)와 세계에 대한 무의식적이고 비언어적인 '태도'와 세 사람이 서로 어떻게 관련되는지 우리에게 남겨둔다"라고 말했다(p.47). 그녀의 장애로 인한 어려움은 기본 관계에 영향을 미쳤고 이는 그녀를 시설에 수용하게 했다. 그녀는 삶에서 신체적, 정서적, 성적 학대를 경험했고, 이로 인해 외상 후 스트레스 장애

(post–traumatic stress disorder: PTSD)의 복합 증상이 나타났다(Lubin and Johnson 2008; Rothschild 2000). 비록 외상과 슬픔에 휩싸여 있고, 압도적인 장애로 어려움을 겪고 있지만 마이아는 탁월한 지적 능력과 의미 있는 성인 생활을 시작하려는 강한 열망을 보여주었다.

7년 동안, 마이아는 심화 치료를 위한 개인 예술치료 회기와 정체성, 자존감, 관계 및 자신감 형성을 주제로 하는 통합 집단 예술치료 회기를 동시에 참석했다. 그녀는 또한 직업적 관심을 탐색하기 위해 개별 발달 집단에 참석했으며, 그곳에서 아이들과 함께 일하고 싶은 포부와 일치하는 5가지 핵심 능력을 수행하는 자신의 모습이 담긴 영상을 만들었다. 33세에 그녀는 자원봉사 보조 교사가 되어 장애아들이 스스로 고군분투하고 익힌 장비 사용법을 배우도록 동기부여와 영감을 주었다. 그 후 마이아의 개인 예술치료 회기 초점은 자원봉사 역할을 유지하고 장애를 넘어서는 방법에 대한 자체 출판 책을 만드는 작업으로 옮겨졌다.

마이아는 36세에 원가족과 재결합 노력이 좌절되어 정신건강 위기를 겪으면서 절망감을 겪었다. 그녀는 임상 심리학자에게 치료를 받고 있었는데, 그는 그녀의 병력을 제공하고 보완적인 치료 계획을 수립하기 위해 나의 협력을 구했다. 치료 기간이 지난 후, 그는 그녀가 "고착" 했다고 생각하는 슬픔의 영역을 탐색하도록 그녀를 도울 수 있는지 물었다. 그래야 그들 회기가 감정–조절 방법을 발달시키는 데 계속 집중할 수 있었다.

개입 및 결과 개요

의뢰 시점에서, 마이아의 "비통함"은 몇 년 전 사망한 중요한 사람과 관련된 것으로 확인되었다. 변형된 소셜 아톰(Social atom)을 만들자는 생각이 떠올랐는데, 이는 내담자 주도 과정이고 현상학적 방식으로 "고착"이 나타나도록 초대할 것이기 때문이다. 예상대로 그 과정에서 사람을 잃었다면, 그녀는 잠재적으로 관계에 있어 삶의 더 큰 그림으로부터 힘을 끌어낼 수 있었다. 그러나 그 과정은 마이아가 실제로 사람을 잃은 것에 대해 슬퍼한 것이 아니라, 미해결 외상 사건의 고통을 가중시킨 상황을 다루는 데 분노했다는 것을 드러냈다.

회기 전반에 걸쳐, 마이아는 15년 전 일어난 사건을 완전히 공개할 수 있었다. 상징과 의식의 원형 예술치료 과정 내내, 그 사건은 그녀의 기억에 다시 맞춰졌고 해결점에 도달할 수 있었다. 이후 그녀는 외상을 넘어 자신 삶의 다음 단계를 그릴 수 있었다.

예술치료 회기

1회기와 2회기: 상징을 사용한 관계도 및 사회적 상황 이야기 게시판 개발

우리는 이름표와 상징을 사용하여 마이아의 관계를 그릴 넓은 영역을 만들기 위해 A2 크기 종이 4장을 하나로 묶는 것으로 시작했다. 나는 마이아가 의사소통하기 위한 철자표에 헤드봉을 사용할 수 있도록 들고 있었다. 그녀는 내가 적어 놓은 단어를 자세히 읽어갔다. 그녀는 자신과 과거와 현재 중요한 사람들 이름을 기록하기 위해 다양한 색상의 접착식 메모 이름표를 선택했다.

관계도에 이름표를 배치할 때(그림 3.1) 다음 회기에서 선택하고 추가할 상징 대상을 위한 충분한 공간이 필요했다. 우리는 그녀 이름표를 중앙에 놓고 마음에 떠오르는 사람을 한 명씩 추가했다. 그녀 지시에 따라, 어떤 사람은 지도 중앙에 있는 자신 이름표에 가까이 배치되었고, 다른 사람은 바깥쪽 가장자리에 배치되었지만 실제 신체에 더 가까웠다. 또 다른 것들은 가장 먼 대각선의 관계도 가장자리 중간에 배치되었다. 나는 그녀 관계에서 일부 불필요한 부분을 알고 있었지만, 그녀는 현재 위치한 관계에 대해 매우 근거 있고 현실적인 배치로 보이는 곳에 도달했다.

이 과정이 완료되면 일련의 회기에서 관계도를 사용할 수 있도록 메모표를 녹화해 영구적으로 기록했다. 다음 회기에서 마이아는 각 이름표에 적절한 상징을 선택하는 작업을 설정했다. 뜻밖에도 상징 작업이 거의 완료되었을 때, 포함해야 할 새로운 이름들이 밝혀졌다. 이 사람들은 이전 치료에서 논의된 적이 없었고, 발견하지 못했던 외상 사건의 열쇠였다.

이 관계도는 마이아가 15년 전 있었던 미공개 사건을 공유할 수 있는 이야기 게시판이 되었다. 정보를 이해하는 데는 우리 모두 의지와 인내가 필요했다. 마이아는 철자표와 헤드봉을 사용해 한 번에 한 글자씩 단어를 맞춰

야 했기 때문에 직접 말로 표현할 수 있는 사람보다 의사소통이 느렸다.

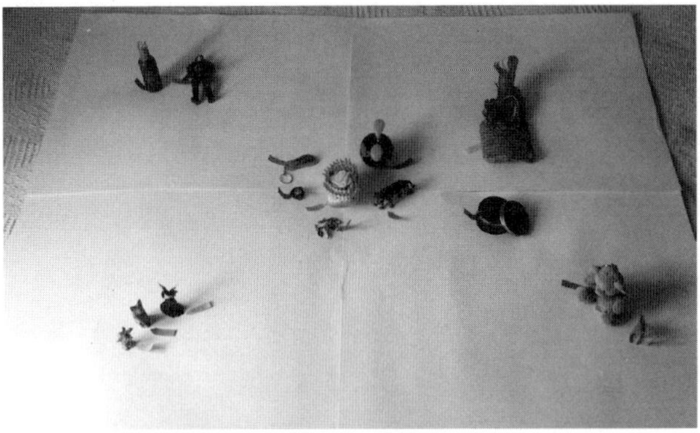

그림 3.1 *이름표 및 상징을 사용한 관계도의 예 (컬러 버전은 삽입 참조)*

그러나 이전에 일어난 일의 측면이 문맥과 분리된 방식으로 드러났다. 마이아가 사건의 전체 순서를 기억하지 못했기 때문이다. 우리는 때로 그 사건과 관련하여 공공의 분노와 좌절감을 표출하기도 했다. 약간의 사전 지식이 있음에도 그녀가 공유한 내용은 충격으로 다가왔고 심사숙고하는 것이 고통스러웠다. 그녀의 치료사로서 나는 "내담자의 긍정적인 변화가 목표인 모든 관계에서, 완전히 존재하는 것은 효과적인 작업의 근본적인 측면"이라는 것을 알고 있었다(McAdams 1993, p.70). 그녀의 설명은 매우 상세해서 "어떻게 이런 일이 일어날 수 있는가?"라는 질문에 종지부를 찍을 수 있었다. 그리고 그녀는 감정적으로 차분한 상태에서 회기를 떠났다. 이제 다른 누군가가 무슨 일이 일어났는지 알고 있으며, 이것이 그녀 삶에 미친 영향을 깨닫게 되어 그녀에게 힘을 북돋아 주었다.

3회기: 이야기 게시판의 사건을 읽고 전체 맥락화

3회기에서, 마이아는 외상 사건을 둘러싼 상황에 대해 풀리지 않은 많은 질문들과 함께 했다. 우리는 2회기가 끝날 때 찍은 사진에서 관계도를 재구성하여 앞으로 나아가야 할 시금석으로 삼았다. 그녀가 그들을 완전히 이해하기 위해서는 사건을 역사적, 문화적 맥락에 넣을 필요가 있었다. 우리는 또한 사건이 일어난 지리적 위치의 사진을 찾기 위해 인터넷 검색하는 시간도 보냈다. 그리고 인간 해부학과 생리학이 다른 사람들과 그녀 자신의 경험과 관련이 있는지 살펴보았다. 그 다음 우리는 사람들에게 작별 인사를 할 때 문화적으로 사용되는 의식에 대해 이야기했다.

다음 회기를 계획하면서 우리는 그 중요성과 상실이 완전히 인정된 적이 없는 특정 인물에 대한 적절한 공물(供物)을 만드는 것을 개념화했다. 우리는 또한 공물이 평화롭고 아름답게 떠오를 수 있도록 호숫가 의식을 계획했다. 의미심장하게도, 그녀가 추모해야 할 상실의 사람은 의뢰 당시 확인된 사람이 아니었다.

4회기: 공물 창작과 제례의식 거행

1부: 예술치료실에서

Pearson(1991)은 "의식은 치유나 변형에 사용될 수 있다. 원하는 변화에 주의를 집중하고 의식에 집중하는 방법으로 이전 현실을 버리고 원하는 새로운 현실을 환영하는 방법이다"라고 말했다(p.202). 공물과 의식은 마오리족과 뉴질랜드 유럽인의 이중문화인 마이아의 문화적 배경과 선호를 반영하는 것이 중요했다. *하라케케(Harakeke; 아마)* 직조는 그녀의 마오리 뿌리에 대한 공물의 적절한 근거였다. 꽃은 그녀의 기독교 신앙과 관련된 의식을 포함해 전 세계적으로 장례식, 예배 및 경축의 주제로 인식되고 있다.

그녀에게 다양한 선택권을 제공하기 위해 여러 출처에서 꽃과 잎을 수집했다. 우리는 하라케케(아마) 짜기와 꽃 만들기를 시작하기 전에 공물을 위한 모양과 크기 등의 가능성에 대해 논의했다. 그녀의 창의적인 지시에 따라 우리는 공물을 만들면서, 의식 사용의 중요성과 경험을 인정한다는 의미로 공물이 의미하는 바에 관해서도 이야기했다. 또한, 우리는 어떻게 공물이 치유를 일으키는 잠재력을 가지는지 그녀의 영적 믿음을 존중할 수 있는지에 대해 이야기했다.

공물이 완성되자, 마이아는 알고 있는 사건에 관련된 사람들을 나타내기 위해 선택한 상징을 다시 돌아보도록 부탁했다. 그들을 다시 보면서 시간을 보낸 후, 그녀는 의식을 행할 준비가 되었음을 드러냈다.

2부: 호숫가에서

"모든 통과의례와 회복의례에는 보편적인 특성이 있다. 그 가운데 하나는 일상적인 상황을 떠나 한동안 묵상공간에 들어가는 수행이다"(Knill et al. 2005, p.77).

우리는 그날 오후 의식을 올리기 위해 근처 호수에서 만나기로 했다. 그녀는 택시를 타고 도착했다. 하지만, 종종 장애인의 경우 택시 일정과 같은 외부 요인에 의한 시간 제한은 더 짧았다. 우리는 공물을 조심스럽고 신중하게 상자에 담아 호숫가에서 개인적으로 의식을 수행하기에 이상적인 장소를 찾았다. 공물을 드러내면서, 우리는 사건에 대해 알고 있거나 직접 관련된 사람들과 마이아의 영적 믿음에 대해 다시 한번 답례를 했다.

그녀가 준비되었을 때, 나는 추모하는 사람의 이름을 지은 공물을 물속에 넣었고, 곧 떠올랐다(그림 3.2). 마이아는 넋을 잃은 채 호수 위로 천천히 멀어져가는 공물을 바라보면서 큰 평화를 느꼈다. 그녀의 택시가 그녀를 태우기 위해 너무 빨리 도착하지 않았다면 우리 둘 다 오후 내내 공물이 표류하는 것을 지켜볼 수 있었을 것이다.

그림 3.2 *물에 방출되는 유사한 작은 크기의 공물 (컬러 버전은 삽입 참조)*

5회기: 보고

5회기에서는 호수에 떠 있는 공물을 찍은 사진을 보며 의식을 검토했다. 나는 공물이 흘러가는 동안 그녀가 매우 평화로워 보였고, 그녀가 지금 느끼는 감정에 대해 이득을 얻었을 수도 있다는 나의 견해를 제시했다. 그녀는 그것이 어느 정도 평화를 가져왔다고 인정했지만, 다른 방식으로 도움이 되었다는 데 동의하기를 꺼렸다. 이는 완성과 끝나고 버려지는 것에 대한 두려움과 관련이 있는 것 같았다. 내가 인내심을 갖고 변화가 있었는지 다시 물었을 때, 그녀는 처음에 "아니오"라고 대답했다. 그러나 그녀는 고개를 끄덕이며 인정의 웃음을 보이기 시작했다. 나는 이것이 "제 자리에 맞는 퍼즐 한 조각"과 같은 것일 수도 있고, 잠재적으로 더 큰 완전함을 느낄 수도 있다고 말했다. 그녀가 활짝 웃으며 고개를 끄덕였다. 그리고 "네!"라며 소리치면서 돌파구가 생겼다.

그녀의 요청에 따라, 우리는 관계도를 다시 보고 전체 요약이 가능하도록 모든 상징을 다시 한번 배치했다. 그녀가 만족하면, 나는 다음 회기에서 다른 매체를 사용해 더 나아갈 방법에 대한 선택을 제안했고, 그녀는 캔버스에 그림을 그릴 수 있는지 물었다.

6회기: 캔버스 회화

마이아는 사건과 관련된 경험 일부와 그녀에게 미친 영향을 그렸고, 이는 성공적으로 온전한 완성을 가져왔다. 그녀는 이제 신뢰할 수 있는 친구이자 멘토가 된 한 여성과 있었던 여정을 그녀의 심리학자와 공유할 수 있도록 도울 수 있는지 요청했다.

7회기: 멘토와 경험 공유

Lubin과 Johnson(2008)은 "흔히 외상 사건 이후 피해자는 지원 체계와 사회에 의해 실제 또는 인지된 거부감을 경험한다. 따라서 대중들은 사회 전체 대표자로서 그들 존재, 존중 및 지원을 통한 긍정적 귀향 경험을 제공할 수 있다"라고 말했다(p.89). 우리는 한 달 후 마이아가 선택한 카페에서 그녀의 멘토를 만났다. 우리는 과거 외상 사건과 그녀가 예술치료 여정을 통해 어떻게 이를 종결시켰는지 설명하기 위해 조용하고 사적인 구석을 찾아야 했다. 그녀의 멘토는 자비심이 많았고, 일어난 일이 잘못되었다고 단언했으며, 마이아가 이제 그녀 삶에서 새롭게 나아갈 수 있다고 축하했다. 카페에 있는 것은 자연스럽게 나눔으로부터 축하가 흘러나오는 활기차고 일상적인 지역 생활환경을 제공함으로써 귀향으로의 경험을 정착시키는 데 도움이 되었다.

요약

6회기 과정은 이름표와 상징을 사용한 관계도를 만드는 개념으로 시작했다. 이는 해결되지 않은 외상과 슬픔 영역에 효과적으로 초점을 맞췄고, 추모와 귀향 의식을 치유와 변형 수단으로 사용했다. 원형적 접근은 15년 동안 내담자를 괴롭히던 외상 사건을 종결시켰다.

사례 연구: 요정 정원

내담자 배경

제이미(Jamie)는 뇌성마비가 있는 20대 여성으로 상태가 심각해 매우 높은 필요성(Very High Needs: VHN) 기금을 지원받았다. 그녀는 걸을 수 없었고 수동 휠체어를 사용했다. 또한, 일상생활과 이동성의 모든 측면에서 봉사자들에게 의존했고 언어장애가 있었다. 그녀는 상체와 팔다리가 완전히 움직였지만, 뇌전증으로 인해 붓의 조정이 어려웠고 예술치료 회기에도 영향을 미쳤다. 그러나 그녀 자신의 참살이를 증진하고 회기가 제공한 소통과 창의성의 길을 통해 성취감을 얻기 위한 수단으로 예술치료에 참석했다.

그녀는 비슷한 나이의 장애인들과 함께 지원 숙소 환경에 정착하는 데 도움을 준 부모님과 친밀한 관계를 유지했다. 또한 비장애인 쌍둥이 자매 제시(Jessie)와 매우 친했으며 그녀 인생에서 중요한 또 다른 자매, 형제, 조부모도 있었다.

예술치료 개요

요정 정원 프로젝트를 위한 예술치료는 9개월 동안 매주(혹은 격주) 진행되었으며, 그녀가 전시회에 참여하는 6주 동안 두 번 중단되었다. 이 과정은 4단계로 진행되었다:

1. 요정 정원 웹 조사
2. 콜라주 디자인 설계
3. 요소 창작과 반응 그리기의 동시과정 작업
4. 그림 속 요정들의 원형적 여정 의미 만들기

또한, 계획되지 않은 프로젝트 확장 "내년을 위한 당신의 미래를 꿈꾸며"도 그녀의 요정 정원 사진에 포함했다.

예술치료 프로그램을 통한 기록

제이미는 21세에 특수학교를 졸업하고 재활 센터에서 6년 동안 예술치료사 및 인턴과 함께 일한 후 예술치료 회기에 참석하기 시작했다. VHN 기금을 통해 제이미는 장기 개인 예술치료를 받을 수 있었다. 이는 그녀가 정서적 참살이를 유지하도록 돕는 매우 긍정적인 자기표현 수단으로 생각되었다.

예술치료를 받는 것이 그녀 삶에 끼친 또 다른 중요한 공헌은 문화적 관심과 취향을 표현하고 목표를 세울 수 있는 길이었다. 제이미는 주로 몸짓, 표정, 그리고 눈 움직임을 통해 의사소통을 하는 언어장애로 간주되었다. 즐거운 소리, 웃음, 때때로 박수는 그녀의 기쁨, 긍정 또는 찬성을 나타냈다. 한번은 우리가 그림을 그리면서 듣던 노래에서 그녀가 즉흥적으로 가사를 불렀고 그녀가 다니던 음악 단체에서는 단어가 익숙해지면 선율을 발성하기도 했다.

제이미는 팔 움직임이 좋았지만, 붓을 사용한 협응이 어려웠다. 그녀는 잠깐 독립적으로 붓을 사용했었고, 그 후 더 많은 통제를 위해 내 손을 손잡이 연장선으로 사용하려고 했다. 또한 나는 그녀가 눈으로 신호를 보내 선호하는 색상을 선택할 때 붓을 파렛트에 담그도록 돕곤 했다.

제이미는 뇌전증이 있었고 45분 동안 최대 6회의 격렬한 발작을 일으킬 수 있었다. 그 길이는 보통 30초에서 2분 사이였다. 의식을 되찾았을 때, 그녀는 거의 도취적인 에너지급증을 경험했고, 가끔 그녀가 즐겼던 표식 작업에 참여하기 위해 붓을 움켜잡기도 했다.

예술치료는 그녀가 장애를 넘어 더 큰 전체성과 힘을 주는 참살이 영역으로 나아갈 수 있게 해주는 것처럼 보였고, 그녀는 5-핵심 스타 자가평가(2장 참조)에 참여하여 이를 확인했다. 이는 예술치료를 받는 이점에 대한 다양한 선택을 제공했고, 이를 통해 그녀는 감정적으로 더 차분해지고, 긍정적이며, 더 잘 이해되고, 행복해지는 데 도움이 된다고 전했다. 그녀는 또한 작품의 미적 특성과 전시용 캔버스에 작품을 제작하는 기회를 통해 성취감과 의미를 찾았다. 그 결과 그림 판매와 공모상 수상은 그녀의 강점과 능력을 대중에게 인정받는 흔치 않은 순간을 제공했다.

개입 및 결과 개요

제이미가 가장 좋아하는 작품 제작 방법의 하나는 그날 기분을 반영한 A2 색종이를 선택하는 것이었다. 그녀는 이젤을 사용하여 경쾌한 음악 리듬에 맞춰 색을 칠하고 표식을 하여 감정 표현을 더욱 확장했다. 그런 다음 우리는 함께 잡지를 보며 시간을 보냈고 나는 그녀의 표정과 눈 움직임에 대한 관심 정도를 지켜보곤 했다. 그녀의 눈이 무언가에 머물렀을 때, 보통은 그녀가 잡지를 잘라내어 한쪽에 놓으면 좋겠다는 뜻을 나타냈다. 다양한 이미지를 선택한 후, 그녀는 일련의 구성 가능성 선택으로 위치를 지정하거나, 그림에서 시선의 방향에 따라 원하는 위치를 표현하곤 했다. 다음으로 그녀는 반짝이, 리본, 천, 구슬 및 스크랩북 장식으로 구성된 혼합 매체 상자에서 비슷한 방식으로 이러한 항목을 배치하여 선택했다. 회기가 끝나면 상징성과 전반적인 효과에 대해 함께 생각해 볼 것이다.

그녀는 잡지에서 혼합 매체 작품 이미지 중 하나로 요정 정원 사진을 선택했고, 요정 정원 프로젝트는 이러한 과정을 통해 이루어졌다. 이미지를 볼 때 그녀의 시선에 매료되고 집중하는 것은 평소의 것 이상임을 시사했다. 나는 잠시 멈추고 그녀의 관심을 관찰하면서, 이것이 그녀가 만들고 싶은 것이냐고 물었다. 그녀의 턱이 들썩이며 눈썹은 또렷이 치켜 올랐고 손뼉도 쳤다. 나는 처음에 그녀가 집에서 지원을 받아 프로젝트를 진행할 수도 있다고 생각하여, 이를 목표 계획에 추가할 수 있도록 지원팀에 전자 우편을 보낼 수 있다고 제안했다. 그러나 나중에는 예술치료가 “살아있는 예술 작품”

을 만들기에 가장 적절한 장소가 될 것이 분명해졌다.

예술치료 회기

1단계: 요정 정원 웹 조사

제이미와 나는 구글(Google)을 통해 웹에서 이미지 검색을 실행하여 요정 정원 분야에서 "살아있는 예술 작품"을 만드는 여정을 시작했다. 이는 그녀가 관심 있는 것을 선택하고 인쇄할 수 있는 광범위한 사진 모음집을 보여주었다. 여기에서 우리는 그녀가 가장 좋아하는 요소를 잘라내고 색상표, 재료, 크기 및 선호하는 식물 종류와 같은 가능한 변형에 대해 논의했다.

2단계: 콜라주 디자인 만들기

웹 검색에서 제이미는 큰 테라코타(terracotta) 냄비를 용기로 사용하기로 했다. 우리는 원형 콜라주를 만들어 그녀가 선택한 요소의 컬러 복사 확대와 배치를 시연하여 크기를 조정하였다.

3단계: 요소 창작 및 반응 그림의 동시 과정 작업

요정 정원 건설에는 혼합 매체 접근 방식이 포함되어 있어 제이미가 직접 만들 수 없는 부분에 대해서는 내가 제이미의 기술자였다. 가능하면 그녀는 작업에 직접 참여했고 대부분 요소를 직접 그렸다. 요정은 낮은 오븐 열에서 구운 조각 매체로 만들어졌다. 그들 색채 작업은 마스킹 테이프를 사용해 피부 톤과 의상의 세심한 세부 사항을 연출하는 것을 포함한다. 요정 쉼터는 단단한 판자와 퍼즐을 사용했다. 다른 요소는 두꺼운 판지와 폴리바이닐 알코올(Polyvinyl Alcohol: PVA) 접착제 층으로 만들어졌다. 방수를 위해 모든 것이 니스 처리 되었다. 완성된 요정정원은 그림 3.3과 그림 3.4와 같다.

요정 정원의 제작과 함께 세부 사항을 디자인하는 방법과 과정에 대한 반응으로 종이에 그림을 그렸다. 프로젝트가 시작되면서 제이미는 각 회기 마지막 부분에서 "정원에서 춤추는 요정"을 그리는 의식을 설정했다. 치료사로서 나는 호기심을 자극하고 많은 생각을 하게 하는 유사한 여정의 증인이 되었다. 그녀의 자기 주도적 그림은 아마도 요정 정원의 창조보다 치료적 차원에서 더 중요했을 것이다.

그림 3.3 *완성된 요정 정원 (컬러 버전은 삽입 참조)*

그림 3.4 *정원의 요정들*

4단계: 그림 속 요정들의 원형적 여정의 의미 만들기

에릭슨(Erickson)의 인간 발달 이론에 따르면, 20~40세의 젊은 성인기(제이미의 연령대)에서는 "에너지는 친밀한 관계, 결혼 상대와 함께 사는 법, 가정 꾸리기, 가정 관리"를 배우는 데 중점을 둔다(Weiten 2004, p.464). 제이미는 이전 콜라주 중 일부에서 이 발달 단계에 관심을 보였는데, 여기에는 종종 연애하는 커플과 결혼식 이미지가 포함되었다. 요정 짝을 만드는 것은 이것의 연속인 것 같았다. 그러나 그녀의 그림 연작(그림 3.5)은 무의식 수준에서 더 많은 일이 일어날 수 있음을 나타낸다.

McAdams(1993)는 어린 시절 동화에서 아이들이 "자신감과 희망을 가지고 세상을 마주할 수 있도록 부드럽고 미묘하게 성장과 적응을 촉진한다"고 제안한다(p.31). 또한, 어린이는 전래 동화 이야기를 넘어 자신의 상상에 맞게 "이미지에 몰두"하며, 성인이 되어서도 비슷한 방식으로 개인 신화를 구성한다(p.53).

요정은 원형적이며 다양한 문화의 역사에서 발견된다. 서양 문화에서 요정 이미지는 마법에 걸린 우리를 어린 시절 장소로 돌려보내는 것 같은데, 이는 나비가 특별한 메시지를 전달하는 작은 인간일 수 있다는 정지된 현실 가운데 하나다. 요정은 큰 잎사귀 아래 낙원에서 자유롭게 살수도 있고, 꽃 위에 앉거나, 자연과 완전히 조화를 이루는 씨앗 꼬투리 배로 떠다닐 수도 있다. 그들 세계는 때로는 장난도 포함될 수 있는 마법의 변형 가능성으로 가득 찬 성역과 평화의 세계다. 이러한 모든 차원은 제이미가 참여한 치료 공간에서 상상력이 풍부하고 즐겁고 유쾌한 방식으로 존재하는 것 같았다.

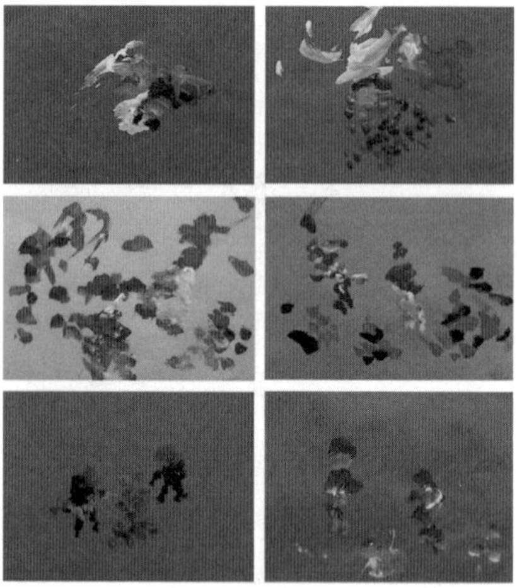

그림 3.5 *"정원의 요정들" 그림 연작 (컬러 버전은 삽입 참조)*

그녀가 연작을 시작하기 위해 자발적으로 그린 첫 번째 그림에서, 요정들은 서로 겹쳐지고 몰입되는 등 신체 접촉을 하는 것처럼 보였다. 완성된 그림에서는 명확하지 않았지만, 구도가 만들어지는 것을 보면서 이 두 사람이 움직이고 있는 서로 다른 인물임이 분명했다. 회화 의식이 회기별로 전개되면서, 나는 구도 내에서 두 인물의 점진적인 분리와 그 사이 공간 성장이 있음을 알아차렸다.

나는 여성이 꿈에 자주 등장하고 의식에 접근할 수 있는 남성을 품고 있다는 융(Jung)의 아니무스(animus) 이론에 대해 숙고하기 시작했다. "그녀의 아니무스는 귀중한 내면의 동반자가 될 수 있다. 그녀에게 자질, 용기, 객관성 및 영적 지혜를 제공한다(Jung 1964, p.194)." 그는 또한 성숙을 향한 "자신의 중심 또는 자기(Self)와 조화를 이루는 의식"으로 개성화 과정을 이론화했다(1964, p.166). "분리와 개성화는 청소년기 발달의 두 평행 과정이다(Meeus et al.2005, p.89)." 융의 두 가지 이론적 개념은 모두 제이미의 자기주도적 그리기 과정에 대한 가능성을 가지고 있었고, 그녀가 사춘기 이후였음에도 불구하고, 발달이 지연되고 여전히 정서적으로 사춘기 이전이라는 다른 맥락에서 이뤄진 평가가 있었다.

고려해야 할 또 다른 관점은 그녀가 쌍둥이 자매인 제시와 친밀한 관계를 가졌다는 것이다. 이제 그녀는 더 멀리 떨어진 지역에서 서로 다른 생활방식을 확립한 성인임을 이해하게 될 수도 있다.

원형적 관점에서 Siemon(1980)은 "쌍둥이는 특별한 의미를 가지며 거의 모든 고대와 원시 문화의 신화에서 중요한 역할을 했다. 쌍둥이는 영웅과 반신반인(半神半人), 또는 마법의 힘을 가진 존재다(p.387)." 쌍둥이가 분리되는 관점에서:

> 분화의 정도와 겪는 어려움 정도는 쌍둥이가 어떤 관계가 있었는지, 쌍둥이가 된 것에 대해 느끼는 감정에 따라 달라진다. 쌍둥이가 유전적으로 같은지 여부는 쌍둥이 유사성에 대한 인식만큼 분리 경험에 큰 영향을 미치지 않는다. (p.388)

제이미가 그림 3.5에 표시된 연작에서 여섯 번째 그림을 그렸을 때, 나는 그녀의 표식을 보면서 두 요정 가운데 하나가 다른 요정에게서 멀어지고 있다는 느낌을 받았다. 마지막으로 "두 요정도 쌍둥이 제이미와 제시와 무슨 관련이 있는 걸까?"라며 쌍둥이 화제를 올렸다.

과거 경험을 통해 만약 나의 제안이 틀렸다면, 이는 침묵, 고요함, 그리고 전혀 반응하지 않으리라는 것을 알았다. 그러나 이 제의는 박수와 함께 이따금 기쁨의 비명을 지르게 하여 내가 확실히 뭔가를 하고 있음을 알렸다. “내 눈에는 마치 한 요정은 그림 밖으로 날아가려고 하고 다른 요정은 남아 있는 것 같다.” 환한 웃음은 그녀의 답이었고, 내가 더 깊이 탐구하도록 격려했다. “이런 일이 너와 제시에게 일어날까? 그녀는 가버렸다가 다시 돌아왔는데, 그렇게 해도 괜찮을까?” 고개를 끄덕이며 웃음을 보이고 더 많이 웃었다. 확실히, 그 질문을 통해 우리는 제이미를 매우 기쁘게 했고 그녀가 그 과정을 통합하는 데 도움이 될 수 있는 어딘가에 도착했다.

치료 과정이 현상학적으로 여러 수준에서 일어나고 있다는 인상을 받았다. 이는 내담자 무의식에서 발생하여 길을 인도하는 무속인의 경우였다(McNiff 1992, 2004). 그녀가 쌍둥이라는 정체성을 인정하는 것 외에도 위에서 언급한 다른 이론적 관점 가운데 일부 또는 전부가 그녀의 과정에서 활성화되었을 수 있지만, 의미를 더 탐구하는 것은 불필요해 보였다.

그녀의 살아있는 작품을 집 창가 아래에 설치하고 보관할 사진을 찍어 프로젝트를 완성했다. 크리스마스라는 주제로 넘어가면서 여정이 끝나고 새해가 새로운 방향을 가져올 것 같았다. 하지만 요정들은 제이미의 미래에 대한 지속적인 영감의 한 형태로 다시 돌아왔다.

5단계: “앞으로 1년 동안 당신의 미래 비전” (자신의 요정 정원 사진 포함)

다음해 초, 예술치료 내담자에게 그들 포부와 목표를 실천하고 나아갈 길을 고취시키기 위한 팝업 비전 게시판을 만들 기회가 제공되었다(그림 3.6 및 3.7). 제이미의 요정 정원 사진을 포함할 수 있는 선택이 포함되었을 때 새 프로젝트가 활기를 띠게 되었다. 팝업 요소의 모양과 디자인에 대한 선택에는 다양한 종류의 꽃, 새, 동물 및 상징적 모양이 포함되었다. 제이미는 하트 요소를 선택했으며 이 요정 이미지가 스스로 말할 수 있으므로 추가 설명은 거의 필요하지 않아 보인다!

그림 3.6 *비전 상자 뚜껑*

그림 3.7 *비전 상자 내부*

요약 및 결론

요정은 내담자가 자기표현 수단으로 선택한 원형적 상징이다. "살아있는 예술 작품"으로 요정 정원을 만드는 것은 예술적, 기술적 발전과 치료적 참여를 자극했다. 프로젝트에 대한 응답으로 나타난 자기 주도적 그림은 깊은 심리적 과정이 진행되고 있음을 보여주었고, 현상학적으로 그녀의 성인기로의 전환을 도왔다.

마이아와 제이미의 두 사례 연구에는 치료 목표와 관심이 달랐고, 각자 상황에 맞는 치료적 참여를 통해 서로 다른 원형적 접근이 나타났다. 상징과 의식 과정은 마이아에게 중요한 반면, 제이미는 즐겁고 살아있는 요정 정원 작품을 만들기 시작했고 유사한 그림을 그리는 여정으로 들어갔다. 개성화된 두 경로는 치료적 깊이와 심리적 처리 영역으로 이어졌으며 결과는 변형적이었다.

CHAPTER 4

집단 예술

키워드: 다문화, 영성, 유물, 발견된 조각, 이야기,
계획 형식, 목표 결과

사람 중심 접근 방식을 통해 집단 내에서 개발된 세 가지 예술치료 과정이 제시된다. 각 과정은 시작과 진행 방식이 다르다. "고대 유물"은 인터넷 조사에서 이어진 영감으로부터 시작되었다. 초점을 맞춘 질문은 진화의 윤곽을 그리는 여러 단계에서 나타났다. '여신 인형'은 창의적인 치료적 탐구와 발전에 초점을 둔 설문지 형식으로 혼합 매체 재료와 연계를 통해 이루어졌다. "신성한 그릇"은 현대 미술에 관한 연구를 통해 성스러운 개념과 문화적, 원형적 의미의 일반적인 형태를 탐구했다. 각 과정에서 미(美)는 예술 매체와 핵심 과제를 통해 확립된 중요한 치료적 측면이었다.

Levine(2017)은 다음과 같이 말했다:

> 심미적 책임은 참여자들이 미의 속성 중 일부를 움직이고, 만지고, 놀라게 하는 성취감을 갖기 위해 도전적인 과제를 설정하는 것과 관련이 있다. 참여자가 도전을 받았지만 여전히 낮은 기술/고감도 원칙에 초점을 맞추는 데 대처할 수 있는 과제가 제시된다. 이는 비전문 작가도 작품 제작 과정을 경험할 수 있도록 작품 조형을 위한 높은 감각 능력과 적절한 수준의 손기술을 포함한다. (p.182)

집단 맥락에서 장애인은 매체 선택을 통해 작품을 상상하고 발전시키는 데

높은 감각 능력을 보였고, 수동 작업은 직원, 인턴, 학생 자원봉사자를 포함한 지원 직원 도움을 받았다. 예술치료사는 협업을 점검하여 내담자가 주도하고 내담자 능력을 극대화했다. 그 결과를 되새길 때, 예술 작품은 예술 제작자에게 진실성을 고취시켰다.

Hosli와 Wanzeried(2017, p.192)는 학습에 중점을 둔 교육 환경에서 치료 작업을 위한 모델을 제공함과 동시에 치료적 필요를 설명했다. 예술치료 5-핵심 스타 모델(2장 참조)은 집단에서 균형 잡힌 과정이 이루어지도록 하는 유사한 수단을 제공했다. 예술치료 집단 맥락에서, 치료에 중점을 두었고 정서적 안전이 보장되도록 경계를 설정했다. 추가 탐색이 필요한 문제가 발생하면 개별 치료가 가능했다. 원형적 접근은 치료적으로 효과적이고 정서적 안정을 유지하는 무의식을 통한 만남을 제공했다. 미적 차원은 다양한 수준에서 가치를 더했다.

사례 연구: 고대 문명

고대 문명의 주제는 예술에 대한 자기표현의 열정을 공유한 지체장애인 여덟 명이 함께 집단 결성 단계에서 영감 회기를 통해 이루어졌다. 고대 세계를 탐험한다는 생각은 과거 문화의 신비에 대한 호기심과 매력을 표현한 모든 참여자들에게 공감을 주었다. 예술치료사로서 나는 매우 중요한 원형 차원과 즉시 연결되지는 않았다. 나는 기꺼이 그 집단의 인도를 따랐고 우리를 어디로 데려갈지 알고 싶었다.

우리는 개별 집단원과 관련된 다양한 민족의 오랜 역사와 유물 및 상징 이미지를 찾기 위해 인터넷 조사를 시작했다(그림 4.1). 이들 민족에는 켈트족, 로마인, 그리스인, 마오리족, 태평양 섬 및 중국 문화가 포함되었으며 나중에는 이집트인, 잉카인 및 마야인이 포함되었다. 참여자들은 인쇄 할 이미지를 골라 개인 콜라주를 만든 다음 편집본을 보면서 관찰하고 느끼고 상상한 내용에 따라 그림을 그렸다. 그 과정의 첫 단계에서 내게 떠오른 질문은 고대 상징과 유물을 참여자 개인적인 이야기와 여정에 어떻게 연관시켜 만들 수 있을까? 하는 것이었다.

그림 4.1 *고대 문명의 상징에 대한 연구*

이집트 문자는 문자 언어의 초기 형태 가운데 하나로 연결되었고, 집단원은 상형 문자를 사용하여 그들 이름을 탐색했다(그림 4.2). 이는 고대 세계에 살았던 사람들이 맡았을 역할의 개념, 그리고 그들 역할을 수행하는 데 필요한 그릇과 도구들로 이어졌다. "만약 우리가 고대 문명에 살면서 중요한 사람들을 위한 그릇과 도구를 만드는 일을 했다면, 나중에 박물관 소장품의 유물이 될 것인가? 이는 다음에 우리를 어디로 데려갈 것인가?"

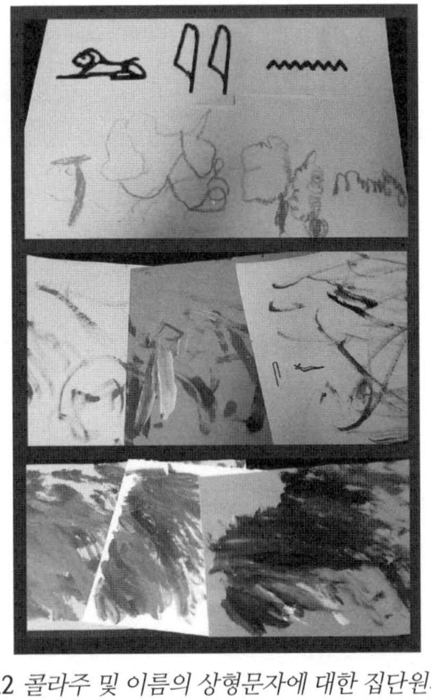

그림 4.2 *콜라주 및 이름의 상형문자에 대한 집단원의 작품*

플라스틱 그릇, 컵 및 기타 도구 그리고 다양한 모양과 크기의 판지 공예 상자 등의 자원이 혼합 매체 재료와 함께 집단에 제공되었다(그림 4.3). 참여자들은 작품을 만들기 위해 기술적 지원이 필요했다. 따라서 자연 건조 점토를 사용해 조각 구성 요소를 통합하는 것이 제안되었다. 중요한 사람이 소장 할 유물은 전적으로 자신의 손으로 만들었다. 최소한의 도움으로 그려질 수 있는 임파스토 매체는 질감과 상징을 만들기 위해 상자에 사용하였다. 고대 문명 연구에서 선택한 인쇄물도 서술과 장식 과정을 돕기 위해 통합하였다. 참여자가 유물을 만들기 위해 수행해야 하는 다양한 매체와 구성 선택이 있었다.

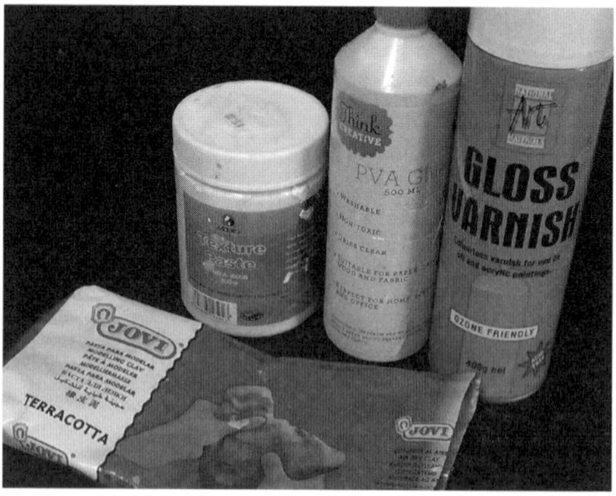

그림 4.3 *플라스틱 품목을 유물로 변형하는 데 사용하는 혼합 매체 제품*

마치 참여자들이 보이지 않는 문을 통해 고대 문명을 회상하고 되살릴 수 있는 원형 차원으로 이동한 것처럼, 유물을 만드는 각 단계에서 집단 내 창의적 과정에 대한 깊은 몰입감과 참여가 있었다. 완성된 후에는 성취한 것에 경외감과 놀라움이 있었다. 우리의 성찰과 신성한 여정을 되돌아보고 존중하는 시간을 가졌을 때, 만들어진 것의 중요성을 조명하기 위해 두 가지 질문이 제기되었다. 누구를 위한 것인가? 무엇을 위해 사용하는가? 리네티(Rineti), 폴린(Pauline), 마커스(Marcus) 세 참여자의 치료적, 서술적 그리고 미적 결과는 아래에 제시되었다.

세 참여자의 결과

리네티 (Rineti)

50대 초반 여성인 리네티(Rineti)는 자신의 과거에 대해 매우 명료하고 훌륭한 작가였다. 특히 사랑하는 부모님과 함께 한 멋진 어린 시절, 그리고 여동생과 친밀한 유대감을 가졌던 것에 그러했다. 가족이 그녀의 발달을 돕고 완전한 삶을 영위할 수 있는 것들을 제공하기 위해 가능한 모든 일을 했지만, 뇌성마비를 가지고 성장하는 것은 어려운 일이었다. 성인이 되면서 그녀는 비슷한 장애인들과 함께 지원 숙소에서 생활하였는데 그녀와 가족이 기대했던 것보다 더 소외된 처지에 놓이게 되었다. 그녀는 다른 도시에 살았기 때문에 일 년에 한 번 크리스마스에만 가족을 방문할 수 있었고 상당한 향수병을 앓았다. 그녀는 영국과 스코틀랜드 혈통이었고 가문에 대해 어느 정도 알고 있었다. 그녀는 또한 그녀에게 마오리 이름(그녀가 가명으로 사용하도록 요청함)을 준 고향 지역의 마오리족 이위(Maori iwi)에 속해 있었다. 피지(Fiji)에서 보낸 행복한 추억이 있었고 피지 문화사에 관심이 많았다.

주요 질문에 대한 리네티의 답변:

- 누구를 위한 것인가? "고대 로마의 검투사."
- 무엇을 위해 사용하는가? "승리의례에서 싸움이 끝난 후 검투사가 약주를 마실 때 사용하는 의식용 국자다"(그림 4.4).

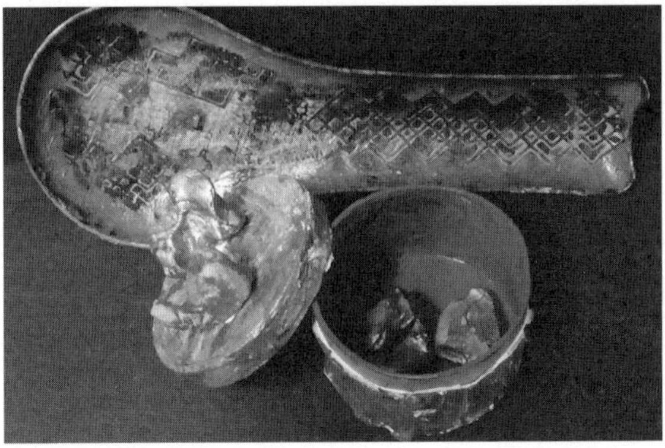

그림 4.4 *로마의 검투사를 위한 기념식 승리 국자와 보물 상자*

리네티는 유물을 만드는 과정에서 고대 로마와 연결되어 그녀 개인적인 힘을 탐구하고 전투에서 승리한 자신의 일부를 전면에 드러낼 수 있었다. 그녀의 유물은 업적을 환호하고 축하하는 공개 의식에서 전투 후 치유와 원기회복의 목적으로 사용되었다.

리네티는 종종 자신의 상황이 무력하다고 느꼈다. 그리고 그녀 가족이 어린 시절 제공한 실질적인 일상 지원이 없었다면 동일한 수준의 기회에 접근할 수 없었다. 또 의미 있고 생산적인 생활을 구축하기 위한 노력으로 매일의 전투가 있었다. 그녀의 예술은 자신이 그린 삽화 책 제작을 통해 전시회에 참여하고 자신의 이야기를 나누면서 장애 인식과 더 큰 포용력을 옹호할 수 있었던 기술과 재능의 영역이었다. 그녀의 예술은 은유적으로 공적인 승리와 인정과 확인을 통한 치유의 순간을 제공했다. 그녀가 유물을 만들고 이름을 짓고 기념하는 과정은 자존감을 고양하는 개인적인 승리의 시기를 경험할 수 있었던 여정이었다.

폴린 (Pauline)

50대 초반 폴린(Pauline)도 뇌성마비의 어려움을 안고 살았다. 그녀는 언어능력이 있었고 발달 장애라는 추가적 문제가 있었다. 리네티와 달리 그녀는 가족을 전혀 알지 못했고 자신의 혈통도 몰랐으며 유럽과 마오리 문화에서 이중 문화를 가진 것으로 확인되었다. 그녀의 대화는 종종 만성 통증, 건강 문제 및 안전과 관련된 불안 경험과 관련이 있었다. 그녀는 휠체어에서 움직일 때마다 승강기를 사용하여 그녀를 옮기기 위한 지원 직원에게 의존했다. 승강기를 사용하려면 직원을 대신하여 기술이 필요했고, 때때로 물건에 부딪혀 넘어질까 두려워했다.

그녀는 지원되는 숙소에서 살았고 어느 정도 가족의 느낌으로 발전시켰다. 직원 가운데 일부는 그녀의 관심사를 지지하기 위해 더 큰 노력을 했고 심지어 성탄절에 그녀를 집으로 데려갔다. 그녀는 또한 장애인 룸메이트와도 정을 쌓았지만, 사망과 다른 시설로 이동이 있었다. 때로는 거주자들 사이에서 왕따가 발생하여 불안을 조성하기도 했다.

주요 질문에 대한 폴린(Pauline)의 답변:

- 누구를 위한 것인가? "이집트 왕자."
- 무엇을 위해 사용하는가? "왕자의 머리맡에 안전하게 보관된 금화를 담는 그릇"(그림 4.5).

그림 4.5 *왕자의 금화를 담는 그릇과 유물이 전시된 보물 상자*

폴린은 유물을 만드는 과정에서, 이집트 상형 문자를 통해 자신이 만든 연결고리를 유지했고, 존경받는 왕자의 역할을 탐구했다. 그녀는 왕자가 걱정 없이 평화롭게 잠을 잘 수 있도록 보물을 안전하게 지킬 방법을 찾았다. 폴린은 고귀하고 권위 있는 금을 가진 왕자와 자신이 연결되어 있었다. 왕자와 그녀 삶 사이에는 그들을 돕고 보호할 믿을 만한 사람들이 필요했다는 점에서 유사점이 있었다. 유물 창작의 여정을 통해 그녀는 자신의 내적 가치를 인정하면서, 더 큰 자신감을 느끼고 행동하고 쉴 수 있는 마음의 평화가 필요함을 확인하고 주장할 수 있었다.

마커스 (Marcus)

마커스는 뇌성마비와 지적 장애가 있는 40대 남성이었다. 그는 같은 도시에 사는 가족들과 정기적으로 연락을 했고, 더 멀리 사는 사람들과도 계속 연락하는 것을 강조했다. 그는 정기적으로 공사 현장을 방문하여 신축 건물 건설의 진행 단계를 보는 등 건설업에 큰 관심을 보였고, 건설 현장의 유투브 영상을 시청했다. 그는 색채와 구도를 직관적으로 이해하는 예리한 화가였으며, 자주 그림을 그려 가족과 지원 직원에게 선물로 주었다.

마커스는 유럽과 마오리 문화를 모두 동일시했고, 그의 남자 친구 가운데 한 명은 니우에(Niuean) 문화에 대해 깊은 인상을 받았다. 사회적 환경은 그에게 도전적일 수 있었고 그는 집단에 참여하는 데 개별 지원을 받았다.

주요 질문에 대한 마커스의 답변

- 누구를 위한 것인가? "훌륭한 추장."
- 무엇을 위해 사용하는가? "추장은 항이(땅에 뜨거운 돌을 묻어 찌는 전통적인 마오리 기법으로 조리한 음식)를 먹곤 했다. 사용하지 않을 때는 애완용 뱀이 자는 곳이었다."(그림 4.6).

그림 4.6 *항이(hangi)를 먹고 애완용 뱀을 키우는 추장의 다목적 그릇*

마커스의 유물은 항이(hangi)를 먹는 추장을 위한 그릇이었다. 그의 상자 안에는 전통적인 피지인(Fijian) 배를 타고 바다를 항해하는 추장의 모습이 담겨 있었고(그림 4.7), 그의 조각 요소는 뱀이었다.

마커스는 삶에 존엄한 권한 부여와 자기 통제 개념을 실현하는 유물을 만들었다. 추장에게 기대하는 것처럼 자신을 통제하는 것에 대한 원형적 언급이 있었다. 또한, 공공연하게 그릇에서 잠자는 뱀과 온갖 파랑주의보의 날씨에 배를 항해하는 추장 모두에게 나타나는, 야생의 예측불허 요소에도 직면했다. 뱀의 직관력을 활용하는 감각과 별을 따라 항해하는 추장의 대장정도 있었다.

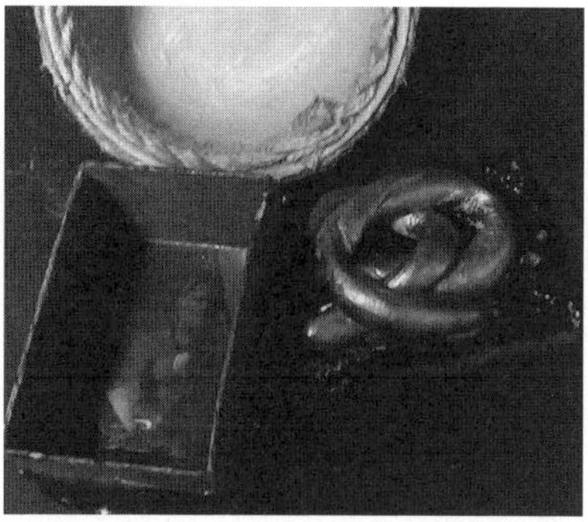

그림 4.7 *바다를 항해하는 추장의 사진이 있었던 보물 상자 내부*
(컬러 버전은 삽입 참조)

원형적인 용어로 뱀은 고대 문명에서 "음식과 영생을 주는" 여신의 상징이었다(Walker 1988, p.388). 이는 추장이 섭취한 음식이 지상 세계의 음식을 초월할 수 있으며 역시 마커스가 그의 작품에서 남성과 여성의 균형을 맞추고 있다는 것을 암시했다.

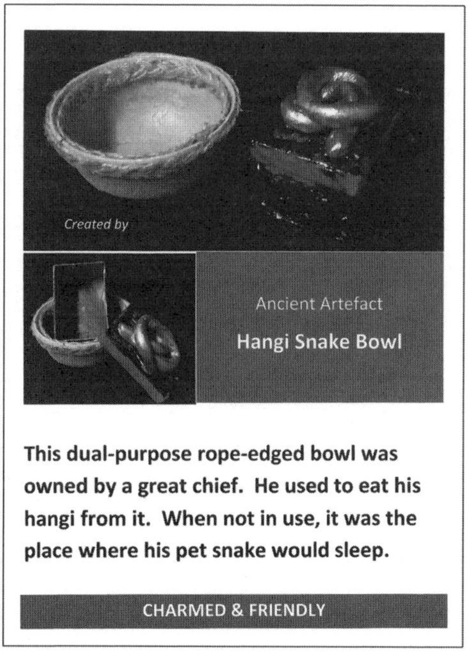

그림 4.8 *전시 시 유물과 함께 제공되는 박물관 포스터*

박물관 포스터는 행사에 전시할 유물의 이야기를 담기 위해 개발하였다(그림 4.8). 각자 개성과 가치를 표현하기 위해 개념화되고 창조된 미적 아름다움과 의미를 지닌 대상을 창조했다는 성취감과 즐거움이 컸다. 포스터는 그 가치를 더욱 강조했다.

프로젝트 완성 후 토론을 통한 집단 성찰

"고대 문명을 탐색하는 가치는 무엇인가?"

"경이로움과 영적, 즉 신성함에 이끌리는 느낌이 있었다."

"왜 이런 일이 있었는가?"

- 그들 생활 방식에 대한 신비와 신념
- 기독교 및 기타 종교의 기원
- 수제 선박을 이용한 항성(恒星)과 항법(航法) 여정
- 문자 언어의 기원

"그것은 1800년대 초 뉴질랜드에 온 증조부모님을 상기시켜 주었다. 나는 그들에 대해 내가 원하는 만큼 많이 알지 못하여 더 알고 싶다. 그들에 대한 약간의 수수께끼가 있다."

"고대 문명의 신비가 우리를 끌어들였고 우리는 고대 문명에 대해 알고 싶었다. 그래서 우리가 자신의 유산에 대해 알고 있는 격차를 메우는 데 도움이 되었다."

"나는 기독교에 대한 나의 감정을 표현할 수 있었다. 그리고 최근 가족을 잃은 교회의 한 선생님께 내 보물 상자를 주고 싶다. 그 안에 아기 예수 그림이 있다."

"그것은 성경의 시작과 모세가 어떻게 여종에게 구출되어 파라오(고대 이집트의 왕)의 가족으로 입양되었는지 관련이 있다."

"상자 안에 든 물건은 상자를 열고 상자에서 꺼낼 때만 의미가 있다. 그 중요성은 그것을 만든 사람에게 개인적인 것이다."

요약

우리가 고대 문명을 탐색한 것은 지체장애인 여덟명의 호기심과 치료 욕구에 따라 친숙함과 미지의 영역 모두로 향하는 여정이었다. 진화한 과정은 문자 언어와 예술 제작과 우리를 다시 연결시켜 주었다. Gombrich(1979)는 다음과 같이 말했다:

> 스승에서 제자로, 제자에서 추종자로 또는 필사자로 전해지는 직접적인 전통이 있다. 이는 어떤 집이나 포스터든 우리 시대의 예술과 약 오천년 전 나일강 계곡의 예술을 연결한다... 그리스 거장들은 이집트인들과 함께 학교를 다녔고, 우리는 모두 그리스인의 제자다. (p.31)

집단의 대표자인 리네티, 폴린, 마커스의 사례 연구에서 각 개인의 과정은 자신이 고군분투했던 삶의 영역에 상징적으로 초점을 가져왔고, 이는 더 큰 통제력, 역량 및 성취감을 가져왔다.

융(Jung, 1964, pp.20–21)은 다음과 같이 말했다.

> 단어나 이미지는 명백하고 즉각적인 의미 이상을 내포할 때 상징적이다. 그것은 결코 정확하게 정의되거나 완전히 설명되지 않은 더 넓은 "무의식" 측면을 가지고 있다. 아무도 그것을 정의하거나 설명할 수 없다. 마음이 상징을 탐색할 때, 그것은 이 성의 이해를 초월한 생각으로 인도된다.

고대 문명과 재연결은 영혼의 창을 열어 더 큰 자기 지식, 영성 및 사회적 연결을 가져오는 요인의 진입과 위대한 공유 유산을 물려받았다는 느낌이 행복과 자존감을 높였다.

사례 연구: 여신 인형

여신 인형 제작은 치료로서 예술과 원형적 의미로 두 가지 개념을 결합했다. 인형은 상호작용하는 자기(self) 상징이자 자신 안에 있는 여신과의 연결점이었다. 계획 과정은 여신의 개념에 생명을 불어넣었고 자원 조달 과정은 기술 지원을 통해 지체장애인들이 접근할 수 있도록 했다. 여신 인형 제작은 집단 및 개인 회기로 진행되었으며, 그 사례와 결과가 제시되었다.

Feen-Calligan 등(2011)은 다음과 같이 말했다.

> 인형의 문화적, 역사적 역할은 예술치료에서 인형의 매력을 설명하는 데 도움이 된다. 역사와 예술치료에서 인형은 우리 자신이나 더 큰 무언가에 대한 상징이다. 인형은 상상력을 자극하면 말하고 우정을 제공할 수 있는 잠재력이 있다. (p.172)

표 4.1은 제공된 역사적 용도와 맥락에 대한 선택적 요약을 제공한다.

표 4.1 인형의 역사적 사용

문화적 맥락	인형의 사용
고대 그리스와 로마	소녀들은 결혼할 때까지 인형을 가지고 놀다가 그들을 보호하기 위해 선택한 여신의 신전에 인형을 보관했다.
아프리카	젊은 아샨티(Ashanti) 여성들은 불임을 없애기 위해 인형을 가지고 다녔다.
19세기 미국	인형 역할극은 소녀들이 슬픔과 애도의 예절을 배우는데 도움이 되었다.
태국	라마키엔(Ramakien) 인형은 공주를 구출하는 이야기를 전하는 데 사용되었다.
아메리카 원주민	카치나(Kachina) 인형은 아메리카 원주민 호피족(Hopi)이 영혼을 가르치는 도구로 사용했다.
발리	인형은 쌀의 여신 데위 스리(Dewi Sri)를 기리기 위해 만들어졌다.

From Feen-Calligan, McIntyre and Sands-Goldstein, 2011, p.167

Bolen(1985)은 "여성 자신이 수행하는 일에 신화적 차원이 있음을 감지할 때, 그 지식은 그녀의 깊은 창의적 중심에 닿고 영감을 준다"(p.6)라고 말했다. "고대 그리스에서 여성들은 자신의 천직이나 삶의 단계가 자신을 특정 여신의 영역 안에 두는 것을 알고 있었다. 현대 여성에게 여신은 원형으로 존재한다(p.25).” 제작된 여신 인형은 영감을 받은 창의성과 원형적인 지혜를 보여주었고 참여자들의 치료 및 개인 목표를 지원했다.

Gordon-Flower(2014a)는 2011년 2월 22일 뉴질랜드 예수교회 지진에 연루된 후 외상 후 스트레스 장애(PTSD)에서 회복 중인 여성 페트라(Petra)의 사례 연구를 제공했다. 그녀의 회복을 도운 개입 가운데 하나는 자신의 여신인 “사람과 세상을 도울 수 있는 특별한 변형 능력을 가진 인형”(p.43)을 만든 것이다. 페트라는 상반된 감정을 겪는 경험으로 어려움을 겪고 있었고 “삶의 춤”에 다시 합류 할 자신감을 찾고 있었다. 그녀는 모든 감정을 전달하고 표현할 수 있는 “춤추고 노래하고 웃고 깔깔대는 여신 카렌”을 만들었다(pp.43-44). 이로써 그녀는 4개월간의 예술치료를 성공적으로 마쳤고, 그 후 앞으로 한 걸음 더 나아갈 수 있었다.

Campbell(1976)은 “신화의 첫 번째 기능은 깨어 있는 의식을 있는 그대로 이 우주의 신비한 거대함에서 파시리아인(fascirians)들과 조화시키는 것”(p.4)이라고 말했다. 이 라틴어 용어는 “인간이 떨거나 매료되기 전에, 거부하거나 끌리기도 하는 불가사의”로 번역된다(Encyclopaedia Britannica 2018). 캠벨(Campbell, 1976, pp.4-5)은 신화가 정신 내에서 세 가지 핵심 기능을 한다고 설명했다:

- 우주의 신비 속에 존재하는 아름다움과 잔혹함을 조화시키기 위해
- “현대의식”이 수용할 수 있는 방식으로 “반영(mirror)”하기 위해
- “지리적, 역사적” 맥락에서 “도덕적” 및 사회적 질서를 창조하기 위해

페트라의 경우 지진으로 인한 대량 파괴를 조정하기 위해 고군분투했다. 그녀는 자신의 삶에 잠재적으로 존재한다고 믿었던 아름다움을 찾고 있었다. 혼돈으로부터 질서를 창조해야 할 필요성이 지리적, 국가적 차원에서 다루어졌고, 개인적 차원에서 페트라는 자신의 감정에서 질서를 되찾고자 했다(Gordon-Flower 2014a, pp.33-47). 여신은 인간의 연약함과 죽음의 나약함을 넘어 여성 권력의 개념을 제시했고, 그녀는 이를 치료적 이점으로 활용할 수 있었다.

여신 인형은 "함께하는 여성" 집단 및 개인 회기 참여자들에게 자신의 필요와 삶의 관심사와 관련된 접근법을 활용할 기회를 제공했다. 집단 설정에는 사회적 혜택이 추가되었다. Feen-Calligan 등(2011)은 다음과 같이 말했다:

> 집단으로 인형을 만드는 것의 이점 가운데 하나는 피드백을 제공하는 다른 사람의 도움을 받아 개인의 자아의식이 향상된다는 것이다. 이것은 개인 정체성이 대부분 타인과 상호작용을 통해 형성된다는 상징적 상호작용 이론에서 비롯된다. (p.167)

개성화 된 여신 만들기 집단 과정

서비스를 사용한 여성들은 "그리스, 로마, 이집트, 마야, 아프리카, 기독교, 티베트, 불교 등 고대와 현대 문화 및 종교에서" 온 여신 안내 예언카드(Virtue, 2004)를 소개받았다(p.8). 각 카드는 긍정적 메시지를 가진 여신상을 제공했다. 이는 때때로 직원을 포함한 각 여성이 지혜로운 말이 어떻게 적용될 수 있는지에 대한 하나를 선택하여 자기 성찰의 수단으로 회기 초반에 사용하였다. 각자 자신의 카드를 집단과 공유함에 따라 여신 메시지를 받을 수 있는 그들 내적 가치에 대한 찬사가 있었다. 이를 통해 일체감을 얻었고, 식사 공간을 예술치료사가 열고 유지할 수 있는 신성한 공간 또는 치료 공간으로 성공적인 전환을 했다(Moon, 2002). 카드는 회기가 끝날 때 일상으로 돌아가는 전환 수단으로 다시 언급되었다.

개성화된 여신을 만드는 개념으로 여신의 주요 측면에 중점을 둔 구체화를 촉진하기 위해 형식이 개발되었다:

- 외모
- 마법의 힘
- 특수 도구 및 장비
- 세상을 돕는 능력

- 여신 이름 짓기
- 표어 설명자

인형은 모두 키가 약 20cm이고, 중간 길이의 금발 또는 검은 머리, 창백한 피부색, 파란 눈을 가졌다. 이러한 특징은 색칠로 쉽게 바꿀 수 있었다. 그들은 신발과 머리 리본을 제외하면 아무것도 걸치지 않은 채 빈 캔버스를 제공했다. 머리카락을 자르고, 염색하고, 확장할 가능성이 있었다. 이 인형들은 "바비 인형"처럼 성장한 모습도, 액션 피규어처럼 강하거나, 중국 인형처럼 정교하지도 않았다. 그러나 여신들은 아직 잉태되어 귀속된 선물로 태어나지 않았다. 이 천진난만한 인형들은 수태, 탄생, 변형의 작업에 매우 적합했다.

채워지기를 기다리는 인형 캔버스의 초대와 기능의 잠재된 적응성은 여신 제작자와 보조원의 상상력을 자극했다. 기획 형식으로 작업한 후, 대부분 참여자들은 새로운 피부 톤을 칠하는 것으로 미술 과정을 시작했다. 선택한 색상은 검은색의 어두운 색에서 올리브색까지 갈색, 은색, 금색 및 청동색 등이었다. 눈 색깔도 변경되었다. 벗은 모습으로 개성화된 후, 그녀는 영광의 옷을 입었고, 이를 통해 세상을 도울 수 있는 특별한 장비, 도구 및 능력을 은사 받았다.

직물, 리본, 끈 그리고 양단의 배열은 여신이 옷을 입는 방법에 대한 무한한 가능성을 제공했다. 색 구성, 질감 및 의복 구성을 통한 원정은 여신 가면(persona)의 원하는 표현으로 이어졌다. 잡지 사진, 판지, 철사, 꼬치 막대, 구슬, 접착제 및 기타 재료는 특수 장비와 도구를 만드는 데 사용되었다. 예술가가 만족할 정도로 완성되면, 그들은 그들 힘으로 가득 찬 것에 축하받았다.

다른 상황에서는 직물 인형을 만드는 것이 가능할 수도 있다. 그러나 이는 지체장애인 집단을 위한 실용적인 선택으로 제시되지 않았다. Stace(2014)는 외상 후 스트레스 장애(PTSD)에서 회복 중인 한 여성이 6개 인형 연작을 만든 사례 연구를 제공했다. "각 인형 연작에 서로 다른 기법을 사용한 디자인은 주목할 만했다. 재료와 기법에 대한 그녀 선택은 개인적인 의미를 구축하기 위해 미술 작품의 본체를 만드는 데 중요했다(p.14).”

그 당시에는 창의적 참여를 통해 얻은 긍정적인 효과와 자기 반영적 힘을 가진 아름다움의 대상을 창조함으로써 자존감이 높아졌던 분명한 이점이 있었다. 집단 환경에서 여성들은 각 여신의 독특함과 매력이 인식될수록 서로를 더 인정하는 법을 배웠다. 또한 여신들이 어떻게 제작자들이 자신의 강점을 발휘하도록 도왔는지를 드러내는 데 더 오랜 시간이 걸린 혜택도 있었다. 결국 그들 여신이 삶에서 “현재 일하고 있다”는 명확한 반영이 있었다.

사례 및 비교

페트라(Gordon−Flower, 2014a) 외에도 그들 생활방식에 여신의 힘을 실어 눈에 띄는 결과를 가져온 두 여성은 마이아와 리앤(Leanne)이었다. (마이아는 3장에 제시된 사례 연구에 이바지했다)여신 인형 제작 과정은 그녀가 가정에서 활동하는 “여성과 함께” 집단에 참석했을 때였다. 이는 24시간 보조로 지원되는 숙소에 사는 네명의 여성 룸메이트의 관심사를 탐구했고 때로는 매우 어려운 조건에서 서로 잘 지낼 필요가 있다는 주제를 포함했다. 그들은 직원 도움으로 여신 인형을 만들었고, 이를 통해 예술치료 공간의 안전과 지원 속에서 서로에 대해 더 많이 알게 되었다. 40대 중반의 리앤도 긍정적인 삶과 갈등 해결을 위한 전략에 더 직접 초점을 맞춘 룸메이트 집단에 참석했다. 집단과 함께 리앤은 개별 회기를 통해 그녀의 여신을 만들 수 있는 기회를 제공받았다.

마이아와 리앤은 둘 다 뇌성마비를 앓았지만, 서로 다른 어려움을 겪었다. 마이아는 헤드봉으로 의사소통 장치나 맞춤법 차트를 사용해 말했고, 팔과 손을 독립적으로 움직일 수 없었다. 그녀는 예술치료에서 헤드봉에 묶인 붓을 사용했고, 이 시스템을 펜으로 이용해 이름을 썼다. 그녀는 최근 운전을 배우던 헤드 조종 전동 휠체어를 새로 구입했다. 반면 리앤은 언어가 명료하고 손 기능에 약간의 제한이 있지만 상지 가동성이 가능했다. 그녀는 손으로 조종하는 전동 휠체어를 사용했다. 두 사람 모두 인형 제작 단계마다 실질적 도움이 필요했다. 각자가 직면한 신체적 어려움에도 불구하고, 여신 창조 과정을 통해 삶을 변화시키는 비전이 생겨났고, 이는 그들이 이끌게 된 훨씬 더 큰 삶의 기초를 이뤘다.

여신 만들기

표 4.2는 다음에 대한 비교를 제공한다:

- 마이아와 리앤이 각각 형식과 과정을 채택한 방법
- 목표 개발 및 달성을 지원한 방법
- 그들 삶에서 활동하는 여신 속성 관찰

표 4.2 1단계: 설문지 형식

핵심 질문	마이아(Maia)의 반응	리앤(Leanne)의 반응
피부 색	갈색	황갈색
머리카락 색	검은색	금발
눈의 색	연한 갈색	분홍색
마법의 힘	그녀는 아름다움과 행복의 여신	그녀는 긍정적이고 유머 감각이 있으며 노래를 부름
특수 도구 및 장비	그녀는 웃고 있음	그녀는 보석과 모자를 쓰고 물건을 고칠 횃불을 들고 컴퓨터를 가지고 다님
그녀는 어떻게 세상을 돕는가?	그녀는 가는 곳마다 세상을 밝힘	그녀는 사람들이 살기 좋은 곳을 찾도록 도움
그녀의 이름은 무엇인가?	마이아	신데렐라
그녀가 가장 잘 묘사된 것은?	그녀의 주변은 온통 별빛과 달빛임	그녀는 노래하는 여신이고 매우 똑똑함

여신의 이름은 치료에서 중요한 것으로 판명되었다. 개인적 차원에서 마이아는 과거 사건과 관련된 외상 후 스트레스 장애(PTSD)의 슬픔과 증상을 극복하기 위해 노력했다. 그녀는 여신 '마이아'의 이름을 짓는 데 외적인 변화가 아닌 자신에게서 변화가 필요하다는 점을 인식했고, 웃음으로 소통하는 자신의 긍정적인 강점도 확인했다. 리앤의 경우, 그녀 생활환경에서 "신데

렐라"가 매우 적합한 이름이었다. 이는 그녀가 가정생활에서 쫓겨난 동화 속 인물이었다. 그러나 요정 대모와 왕자 개입을 통해, 리앤이 비슷한 희망을 품었던 새로운 생활 방식의 변화를 가져오는 변형이 일어났다(표 4.3 및 4.4).

표 4.3 2단계: 피부 톤, 눈 색깔 및 헤어스타일 변경

	마이아(Maia)의 반응	리앤(Leanne)의 반응
피부 톤	마오리 가계와 고대 문화사 반영	공명 광택감이 있는 황갈색을 위해 황금색, 청동색, 흰색을 사용한 색상 혼합
	적절한 갈색을 만들기 위한 색상 혼합	대부분 손 기능의 어려움으로 인해 보조원에 의해 그려짐
	보조원 지원으로 헤드봉과 팔/손을 사용하여 그림	
눈 색깔	그녀 지시에 따라 녹갈색 눈 색깔을 만들기 위해 세심한 개입	그녀 지시에 따라 눈 색깔은 분홍색과 금색으로 변함
헤어 스타일	기존 스타일에 적합하다고 간주됨	적합한 것으로 간주됨(다음 단계에서 부분적으로 모자를 덮음)

표 4.4 3단계: 여신 의상 및 특수 장비

	마이아(Maia)의 반응	리앤(Leanne)의 반응
의상	그녀가 좋아하는 파란색과 빨간색으로 다양한 선택을 찾음	그녀는 "똑똑하고 능숙한" 현대적 감각을 반영하는 의상에 맞출 때까지 다양한 색상의 선택과 질감을 실험
	그녀는 고대 문화를 암시하는 질감과 드레스 스타일에 맞춤	
특수 장비 및 도구	여신은 카드에 큰 웃음의 이미지를 지지하는 가는 철사 막대를 들고 있음(사진에는 표시되지 않음).	그녀는 카드에 있는 이미지로 만든 컴퓨터를 들고 다님
	그녀의 의상에 달린 보석에는 달빛과 별빛이 비침	그녀의 가방은 그녀가 "물건을 고칠 횃불"을 담는 용기임

그림 4.9 *여신 마이아와 신데렐라*

결과

여신을 만들 당시, 마이아와 리앤은 특별히 목표 설정과 취업을 위한 기술 개발을 위해 토론회에 참석하기 시작했다. 마이아는 아이들과 함께 일하는 데 흥미를 느꼈다. 리앤은 사회 변화의 옹호자가 되는 데 전념했고 아이들과 함께 일하는 데도 관심이 있었다. 비록 여신 인형과 관련된 생활상의 목표는 논의되지 않았지만, 무의식적으로 연결이 된 것은 분명했다. 지배적인 사회적 인식이 만연한 상황에서, 이러한 목표는 대부분 비현실적이라고 생각되어 목소리를 내기 쉽지 않았다. 여신들은 "목표 활성화"로 판명된 다른 방식으로 표현할 수 있는 길을 제공했다.

언어장애로 인해, 마이아는 목표를 달성하는 데 도움이 될 수 있는 관계를 구축하기 위해 말로 표현할 수 없는 참여 방법이 필요했다. 그녀의 아름다움과 행복의 여신인 "웃음을 가지고 가는 곳마다 달빛과 별빛으로 둘러싸인 세상을 밝히는 마이아"는 그녀가 추구하는 삶에 필요한 가면(persona)에 생명을 불어넣었다. 도움을 줄 수 있는 사람들을 만날 기회가 생기면서, 그녀의 웃음은 다른 사람들이 자주 언급하는 힘과 연결의 핵심이 되었다. 그녀는 그녀 존재가 아이들에게 동기부여로 인식되어 교사 보조원으로 자원 봉사를 하게 되었다. 그녀는 도움을 받아 그림 회기를 이끌 수 있었고 대화하도록 미리 설정된 통신 장치를 사용하여 실시간 시연과 발표를 제공했다. 그녀는 11세 아동이 중증장애아를 위해 책을 소리 내어 읽어주는 학교 간 협력을 시작했고, 가끔 장애 인식 개선 발표자가 되기도 했다.

리앤의 "신데렐라, 매우 똑똑하고 유머 감각이 뛰어나며, 보석과 모자를 쓰고, 컴퓨터를 들고 다니며, 사람들이 살기 좋은 곳을 찾아주는 노래하는 여신"은 그녀가 성공적으로 활용할 수 있었던 자질, 자원, 속성 꾸러미를 제공했다. 그녀는 노트북 구입을 위한 보조금을 신청한 후 지역 도서관에서 수업료와 지속적인 실질적 도움을 받았다. 그녀는 장애 단체의 자문 위원회에 임명되었고 지역 사회 행사에서 숙련된 장애 인식 발표자가 되었다. 그녀는 소프라노 목소리로 인정을 받았고 합창단에서 무대 안팎의 지도자 역할을 수행했다. 그녀는 또한 학교에서 자원 봉사 보조 교사가 되어 장애 아동의 읽기, 노래, 표현 동작 및 미술을 도왔다.

요약

페트라, 마이아, 리앤의 사례는 여성 세 명이 각각 다른 방식으로 어떻게 여신 인형 제작과 그 과정을 활용하여 치료의 필요성과 생활습관 목표를 지원하는지 보여주었다. 이는 무의식이 필요한 단계의 감독이 되도록 해준 원형적 접근과 관련하여 어떻게 발생했는가에 대한 현상학적 차원이 있었다. 집단 환경에서 제공될 때, 이 개입은 검증된 사회적 범위를 통해 만들어져 추가 혜택을 제공했다.

사례 연구: 신성한 그릇

"신성한 배"에서는 귀중한 화물을 싣고 물 위를 이동하는 컨테이너 개념이 출발점으로 탐색되어 보다 개별화된 장소에 도착했다. 무엇이 "신성한 것"을 구성하는지, 이것이 어떻게 자존감과 전체적인 참살이를 키울 수 있는지에 대한 탐구도 있었다. 예술 제작은 미적 과정을 통해 의식을 취했고 시각적 결과는 예술적 성취, 역량 및 존중받는 개인 정체성의 강력한 메시지를 가져 왔다. 작품은 예술 이야기와 함께 전시되었고 관람객들은 감탄했다. 이는 지역 사회에서 인정되었고 소외감을 줄이는 데 도움이 되었다. 또한 사회적 연결을 확인하고 자신감과 더 큰 참살이에 이바지하는 구성 요소였다.

신성한 그릇의 개념

신성한 그릇의 개념은 마오리 *와카(Waka)*와 카누(canoes)가 조각에 영감을 준 아오테아로아(뉴질랜드) 미술의 현대적 주제에서 나왔다. 와카는 전통적으로 화려하게 조각된 나무로 만들어졌으며 조상의 영혼을 담기 위해 만든 조각품이었다. 귀한 화물과 신성한(Tapu) 신의 사자를 운반한다는 점에서 조각 자체가 성스러운 그릇에 해당한다. 와카는 또한 전투에서 전사한 병사를 집으로 옮기는 데 사용되었는데, 이는 매우 신성한 작업이었다. 매우 큰 와카는 별을 사용하여 항해한 마오리족과 다른 태평양 문화의 여행과 이동 수단이었다. 현대 마오리 미술에서 매체와 디자인 형식은 더 광범위했고 통일성, 영성 및 마력의 존엄성을 의미하게 되었다.

기독교를 통해 아기 모습으로 귀한 화물을 운반하는 배에 대한 성경 상식이 있었다. 이스라엘 자손인 아기 모세는 갈대와 진흙으로 만든 덮개가 있는 작은 바구니에 담겨 나일 강가에 놓였다. 이는 남아를 죽이는 군인들에게 그를 숨기기 위한 목적으로, 그를 아들로 키운 이집트 공주에 의해 구출되었다. 와카와 신성한 그릇의 개념은 일부 집단에게 이 기준을 가지고 있었다.

중국 및 인도 문화와 관련된 신성한 그릇이 보관된 문화적 언급들이 더 있었다. 이 집단이 위치한 오클랜드에서는 중국 설날과 힌두교 등명제(Diwali) 빛 축제가 모두 도시 전역에서 유명한 공공 행사가 되었다. 등불은 밝은 미래와 행운에 대한 희망을 상징하는 춘절(春節)의 하나로 물 위에 놓였다. 등명제에서 빛을 실은 그릇은 악에 대한 선의 승리와 어둠에 대한 빛의 승리를 상징했다. 둘 다 잠재적으로 신성한 그릇의 영역 내 참여자들에 의해 고려될 수 있었다.

영성은 사람중심계획(PCP)과 건강을 위한 마오리 모델(*Te Whare Tapa Whā*)로 우리의 가장 중요한 실천 모델의 틀 안에 포함되었다. 신성한 그릇 구상은 영적 탐구의 기회를 제공하여 보편적인 방식으로 "자기(Self) 본질" 또는 "영혼 차원"에 초점을 맞췄다.

West(2011)는 다음과 같이 제안했다:

> 치료적 맥락에서 영성은 추상적인 신학보다는 인간의 경험에 뿌리를 둘 필요가 있다. 타인과 우주는 큰 고통에 직면해서 연결되며, 그 원인은 사람들이 자신의 삶을 만드는 의미와 비일상적 의식을 포함한다. (pp.16-17)

신성함과 높은 가치를 반영해야 하는 대상을 기획하고 개발할 때 미적 측면을 강하게 고려했다. 이를 통해 그 대상들은 신성한 의식에 사용되는 대상들과 같은 종류의 세심한 배려가 깃든 것으로 볼 수 있다. 최종 대상은 다른 맥락에서 나중에 더 큰 규모와 영구적인 재료로 만들어질 수 있는 축소모형으로 간주하였다. 그러나 참여자들은 집에 가져가서 보물처럼 간직할 수 있는 실용적인 소규모 모델에 만족했다.

현대 마오리 미술에서 그릇(waka)의 개념을 탐구한 웹 조사는 신성한 것으로 간주될 수 있는 예술 및 역사적 유물의 다른 유형 그릇 이미지로 확장하였다. 신성한 그릇(waka) 맥락에서 개념적 영감은 다음의 심미적, 서술적 고려 사항과 관련하여 이루어졌다.

- 모양과 상징성: 달걀, 보트, 함선, 특별한 그릇; 지붕에서 열린 집처럼 네모난 모양, 인간의 형상; 다이아몬드, 삼각형, 곡선, 육각형(또는 기타 기하학적 모양), 별 모양; 로켓
- 중량: 가벼움, 무거움, 중간 무게, 유동적
- 재료: 종이; 접착제 및 구성(철망, 풍선, 전구, 캔 또는 지팡이 바구니 재료); 금속, 스테인리스, 주석/알루미늄 캔; 유리, 타일; 나무, 플라스틱, 고무, 비닐, 직물, 카펫; 꽃, 껍데기, 조롱박
- 색상: 황토색, 중성색, 크림색 또는 흰색, 은색, 검정색, 파스텔색, 다채색, 혼합색, 단색
- 품질: 깨지기 쉬움, 투명 또는 반투명, 견고함, 평평한 바닥, 부드러움 또는 단단함, 모피 또는 털이 많음, 스펀지, 매끄러움 또는 거칠음, 고급스러움, 큼 또는 작음

- 다른 생각: 운명을 건; 개방; 선택한 모양과 형태의 다양성

영감을 통해 참여자들은 창의적 탐색을 형성할 각 범주의 단어를 선택했다. 선택한 단어는 재료 탐색을 안내했고, 콜라주를 통해 조각 모양에 익숙해지고 다양한 매체를 시험했다. 색상은 단판화(monoprint), 스텐실(Stencil) 및 액자 기법을 통해 탐구했다. 대부분 최종 조각품은 스티로폼을 기본 매체로 사용했다.

개성화된 결과의 세 가지 예

A 예술가

- 초기 개념 생각: 달걀, 중간 무게, 유동적, 분홍색, 개방, 평평한 바닥.
- 그리기 과정: A 예술가는 단판화를 통해 색상과 모양을 테스트하고 종이로 자른 달걀 모양을 통해 틀을 시험했다(그림 4.10). 그녀는 조각에 사용된 재료를 완성하기 전에 자신이 끌리는 다양한 매체를 탐색했다.

그림 4.10 *A 예술가의 콜라주 형태 및 매체 시험*

조각 건축 과정

스티로폼 달걀의 한 면에는 속이 파여 있는데, 이 또한 깎아서 평평한 바닥을 만들었다. 이 계란은 A 예술가가 안과 밖을 모두 그렸다. 속이 빈 구멍의

안쪽 가장자리와 계란 상단을 따라 매끄럽고 반짝이는 조개껍데기를 붙였다. 그 구멍에 비단 히비스커스 꽃을 꽂고, 그 조각을 분홍색 공단의 바다 위에 놓았다. 색을 사용해 구멍 속의 꽃이 빛나는 것처럼 보였다(그림 4.11).

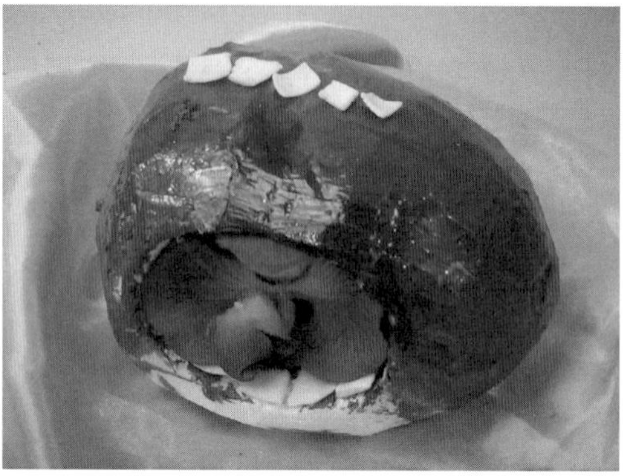

그림 4.11 *A 예술가의 신성한 그릇 축소모형*

A 예술가는 다음과 같이 진술했다:

> 내 조각품은 계란이다. 처음엔 분홍색으로 시작했지만 곧 여러 색상으로 칠했다. 조각품 안의 꽃은 내 안의 특별한 것들에 관한 것이다. 신성한 그릇은 또한 나의 아주 특별한 보석처럼 나의 보물을 보관할 수 있는 곳이기도 하다.

예술치료사의 관찰

중간 무게와 달걀 모양에 대한 예술가 개념은 최초 생명이 형성되는 배아를 암시하고 훨씬 더 큰 것들의 가능성을 담고 있다. 시작은 섬세하고 빛나는 그녀 내면을 보여주었다. 채색 과정은 원래 계획했던 색채를 넘어 더 무거운 황토색으로 바뀌었고, 이는 외부 표면이 단단하게 보이는 보호막 역할을 했다. 조개껍데기는 장식용이지만 단단하고 내구성이 있으며 상단을 따라 파충류의 등뼈처럼 배치되었다. 그녀 내면과 아름다움은 모두 가시화되고 잘 보호되었다.

B 예술가

- 초기 개념 생각: 육각형, 중간 무게, 유동, 복합, 벌집, 조개껍데기 질감.
- 그리기 과정: B 예술가는 복사 형식, 혼합 매체 및 단판화를 통해 벌집 개념을 광범위하게 탐구했다. 이는 그녀가 조각에 대해 선호하는 색채 구성을 명확히 하고 봉방 구성에 도달하는 데 도움이 되었다.

조각 건축 과정

스티로폼에서 세 개의 다른 크기 육각형 형태를 자르고 부분적으로 구멍을 내어 봉방(蜂房)을 만들었다(그림 4.12). 짙은 노란색 공단을 모양대로 잘라 봉방 외부를 덮은 다음 접착제로 붙였다. 스텐실과 복사 기술은 봉방 내부에 패턴화를 만드는 데 사용했다. 편지는 "희망, 사랑, 신뢰"라는 단어의 철자를 쓰기 위해 자연적으로 말린 백토로 만들어졌다. 가장 큰 봉방에 '희망'을, 중간 크기 봉방에 '신뢰'를, 작은 봉방에 '사랑'을 넣었다(그림 4.13). 조각 구성에 있어 글자 배열에 주의를 기울였다. 그런 다음 편찬물은 폼 보드에 깔린 큰 천에 놓았다.

그림 4.12 *B 예술가의 콜라주 형태 및 매체 시험 (컬러 버전은 삽입 참조)*

그림 4.13 *B 예술가의 성스러운 그릇 축소모형 (컬러 버전은 삽입 참조)*

B 예술가는 다음과 같이 진술했다:

> 내 조각품은 벌집이다. 벌집을 가졌던 친구가 벌집에 대해 많이 얘기해줘서 내게 소중하다. 나는 이곳에 소중한 보석을 보관하고 싶다. 내 벌집에는 '사랑', '희망', '신뢰'라는 단어도 소중하게 간직돼 있고, 지켜주고 보살펴야 할 것이 담겨 있다.

예술치료사의 관찰

벌집은 과즙을 꿀로 바꾸는 활동과 작업 및 창조의 장소였다. 이는 B 예술가가 영감을 받고 영적으로 자각하고 자신의 개성을 드러내는 내면의 삶을 반영했다. 색상, 매체 사용과 세부 사항은 벌집의 특성과 조각품이 의미하는 것들을 전달했다. 그녀 작품에서 중요한 초점은 우정의 소중함과 가치 있는 사람으로 인정받는 것이었다. 그녀의 친구는 그녀가 소중히 여겼던 작업을 함께하는데 투자를 했었다. 어떤 면에서는 연약한 특성들인 사랑, 희망, 믿음은 이 우정을 묶는 접착제였다. 그들 없이는 우정이 생존할 수 없다.

C 예술가

- 초기 개념 생각: 정사각형, 중간 무게, 유동성, 지붕이 열린 집, 나무를 포함하는 집
- 그리기 과정: C 예술가의 종이 탐색은 예술가 A, B보다 덜 광범위했다. 그는 만들고 싶은 것의 시작부터 명확한 비전을 가지고 있었다. 그리기 과정에서 그는 사각형을 사용하여 형태와 가능한 색상을 탐색했고, 이를 단판화로 확장했다. 그런 다음 그림 4.14와 같이 단판화를 조각품에 통합했다.

조각 건축 과정

뚜껑이 달린 사각형 상자를 발견하여 조각 구성을 제작하기 위해 활용하였다. 소묘 과정에서 만든 단판화는 용기를 덮을 수 있는 모양으로 잘라 붙였다. 상자 안에는 수직 나무로 된 아이스크림 스틱이 줄지어 있었다. 이어 C 예술가는 무작위로 보이지만 신중하게 구성되고 접착한 상자 바닥에 아이스크림 스틱을 겹쳐 쌓아 올렸다. 뚜껑은 청녹색의 공단 천으로 덮고, 경첩을 달아서 나무 꼬챙이로 받쳐 놓았다.

그림 4.14 *C 예술가의 성스러운 그릇 축소모형*

C 예술가는 다음과 같이 진술했다.

> 내 조각품은 지붕이 열리는 집과 같은 사각형 그릇이다. 사각형 모양은 내게 매우 중요한 대만 문화와 나를 연결한다. 그릇 바닥에는 나무를 배열한 방식으로 표현한 나의 목표 가능성을 담았고, 외부의 인쇄된 문양에는 미래에 대한 나의 희망을 담았다.

예술치료사의 관찰

사각형 모양은 C 예술가의 대만 문화를 정체성 기반으로 삼았다. 그의 종교인 기독교에서는 인체를 "영혼의 성전"이라고 불렀으며 상자의 견고함이 이 의미를 제공했다. 단판화는 내면의 현실을 외적으로 표현한 것이었다. 단판화 과정은 C 예술가 내면의 색을 조각 외부 표면에 포함시키면서 외현화했고, 그는 매우 만족했다. 내부에는 나무로 된 울타리 안감이 있었고, 바닥에는 자기 인식, 목표 설정, 미술 초점 및 생활 방식의 표현 과정을 통해 아직 작업 중인 것들이었다. 관람객은 그의 정체성을 축하하고 상자 안에 무엇이 있는지 보도록 초대되었다.

요약

접근 방식은 문화적 기반을 제공하기 위해 현대 미술의 지식과 관습을 끌어내는 동시에 신성함, 소중함 및 보호에 대한 원형적인 영적 개념에 대한 치료적 탐색에 따라 추진하였다. 그 결과 1년차 예술 학위 프로그램에서 발견될 수 있는 조각품이 탄생했다. 치료적 초점과 원형의 참여 외에도, 공동 환경에서 예술 제작의 이점이 있었다.

Knill(2017b)은 다음과 같이 말했다:

> 공동 예술 제작은 개인뿐만 아니라 사회적으로 가능성과 상황 대처 능력을 제공하는 학습 경험이다. 이 경험의 효과는 인지적이고 자연적이다. 지역사회 예술의 협동 학습 과정에서 대처 경험은 다음과 같은 범위의 신념에 직

> 면하는 참여자의 감정, 기분, 어조의 변화에서 관찰할 수 있다. "우리는 아무것도 이룰 수 없다." (p.216)
>
> 협동 예술 작품은 지역 사회 구성원을 감동시키거나 감동을 줄 수 있다. 예술 작품은 그 아름다움에 의미가 있다. 감동, 감격, 재생, 자양분의 경험, 즉 일종의 "영혼의 음식"으로 기억될 수 있다. (p.217)

이 단체의 더 넓은 지역사회 구성원들은 예술가들을 만나고, 제작된 순수 예술 소장품을 즐기기 위해 초대되었다. 종이 작품과 신성한 그릇 조각품 모두 작가의 사진, 인물 소개, 성명서와 함께 전시되었다. 참석한 사람들은 장애인 예술가의 삶, 능력 및 도전에 대해 더 많이 배울 기회를 가졌다. 위대한 일을 성취할 수 있고 비장애인들을 매료시키고 영감을 줄 수 있는 예술을 만들어냈다는 것에 대한 축하가 있었다. 신성한 그릇은 그들만의 고유한 이야기를 들려주면서 그 자체로 서 있었고, 수용적인 관람객과 원형 수준에서 연결되었다. 이 행사 자체는 예술가와 관람객 모두에게 기억에 남을 "감동, 감격, 재생 그리고 자양분이 되는 경험, 일종의 '영혼의 음식'"이 되었다.

결론

세 집단의 예술치료 여정은 각기 다른 방식으로 시작되었고 다른 과정과 초점을 취했다. 기술적 도움을 받아 참여자들은 일련의 단계를 통해 개성화된 예술 작품을 개념화하고 발전시켜 심미적 중요성을 지닌 대상을 만들 수 있었다. 각 과정은 원형적 접근 방식을 사용했으며, 이는 상상의 영역에서 변형적 참여를 유도했고 개성화된 요구와 목표에 관련된 치료 결과에 영향을 미쳤다.

CHAPTER 5

환경 조각

키워드: 원형 형태, 연대표, 가슴 에너지, 외상, 구현, 자연물

환경 조각가들은 자연에서 찾은 매체로 작업함으로써 풍경 안에서 시각적 개입을 통한 순수 예술의 관습을 확립했으며, 이는 보는 사람이 새로운 방식으로 자연을 보도록 초대했다. 환경 예술 활동에서 자연으로부터 수집품은 갤러리 공간 내 설치물로 구성되었고, 자연환경 속 조형물 사진은 2차 예술작품의 한 형태가 되었다(Goldsworth 1990; Hill 1997).

신체적 어려움이 있는 내담자 집단의 경우 자연계 내에서 또는 자연계와 상호 작용할 기회가 제한적이므로 자연 환경에서 작업할 수 있도록 특별 프로젝트를 설계했다. 그 목표는 환경 조각의 생각을 일부 활용하여, 참여자가 작품을 만드는 동안 자연 환경에 있는 자유를 즐기고, 자연이 집단원에게 유익한 효과를 줄 가능성을 허용하는 것이었다(Evans 2015; Roberts 2017; Whitaker, 2017). 참여자는 융기안 심리학자 Arrien(1992)과 Estes (1992)가 요약한 관행에서 원형적 상징을 작업하면서 자연과 연결을 설정할 수 있었다.

또한 과정은 소묘와 회화의 사용을 포함했고, 이는 자기성찰, 통합 및 치료 결과를 더욱 강화했다. 환경 조각은 통합 예술치료 과정에서 지체장애인을 위한 이점을 제공하는 것으로 입증되었다. 이 접근 방식은 외상 회복에 중점을 둔 다른 내담자 집단을 수용하기 위해 더욱 확장했다.

환경 매체 사용의 이점 및 범위

환경 조각가들은 자연 수집품을 사용해 종종 원이나 기타 기하학적 모양과 형태를 포함하는 작품을 만들었다. 작품이 상징하는 보존 메시지 외에도 유기적 매체를 획득하는 행위는 예술가들을 치료적 이점이 있는 자연과 다감각적 교감으로 이끌었다. 이 지식은 환경 예술 접근이 예술치료 맥락에 통합할 수 있는 방법에 대한 탐구의 기초를 형성했다.

최근 심리학 연구에서 Fabjanski와 Brymer(2017)는 자연에 대한 몰입이 "행복론(eudaimonic)의 참살이와 쾌락적 톤"(p.2)을 증가시킨다는 사실을 발견했다. Ryan과 Deci(2001)는 "행복론"을 자신의 "수호신(daimon)" 또는 "진정한 자기(self)"(p.146)와 일치하는 정도라고 정의하고, "쾌락설(hedonic)"을 "기쁨/고통 연속체"(p.144)의 수준으로 정의했다. "자연 기반 경험은 지속적이고 의미 있는 참살이 결과에 대한 고유한 경로를 제시할 수 있다"(Fabjanski 및 Brymer 2017, p.2). 자연 활동은 "인지 수행, 사회적 행동 및 감정"을 향상시키고 불안감을 줄이며 "정신건강 문제의 심각성"을 낮추는 데 도움이 되는 것으로 밝혀졌다(p.2).

Evans(2015)는 예술치료에서 어떻게 환경 예술 작품을 자신의 참살이를 위한 개입으로 만들었는지 설명하면서, 일어났던 풍부한 감각 경험에 대해 언급했다. 그녀는 "강한 감각 기억에는 나무에 익은 모과 냄새, 표백된 양 뼈가 서로 맞닿아 있는 텅 빈 고리, 화산암의 무게, 양귀비 꽃잎의 연약함, 만지면 미끄러운 검은 아마씨 등 냄새가 남아있다"고 말했다(p.80). 에반스에게 환경과 유기적 매체의 사용은 감각의 완전한 참여를 제공했고, 현재 순간의 즐거움을 증가시켰으며, 이전에 인식된 예술 방법론을 넘어 자연의 예술적 개성화를 촉진했다. 그것은 자연 세계와 조화를 이루는 다른 종류의 창의적이고 치료적인 반응을 자극할 수 있었다.

자연에서 일하는 것은 장애인들에게 창의적이고 치료적으로 역동적인 원형적 접근을 통해 자신 삶의 여정을 탐색하면서 자연과 연결을 강화하는 기회를 제공했다. 이러한 접근 방식은 신체가 건강하고 건강과 참살이 목표가 있는 사람들에게도 적용할 수 있다.

자연의 개입 과정

자연에 개입하는 과정은 아리엔(Arrien, 1992)의 5가지 원형 형태를 환경 조각 작품의 울타리로 활용했고, 집단 과정을 통해 사회적 유대감을 키웠다. 아리엔은 5가지 기하학적 모양이 모든 문화 예술에 나타났으며, 다른 문화권 사람들이 이 모양에 유사한 의미를 부여한다는 것을 확인했다(p.12):

원 (전체성)

사각형 (안정성)

삼각형 (목표와 꿈)

십자가 (관계)

나선 (성장)

아리엔은 각 모양에 부여된 의미가 인간 성장 과정을 나타내며 모양이 이를 자체적으로 전달한다고 정의했다(p.12).

예술치료 맥락에서, 창의적 과정이 치유의 현상학적 차원으로 이어지고 무의식을 통해 확장된다는 믿음으로 개인 선택에 따라 과정에 진입점을 주는 직관적 접근이 선호되었다. 참여자들은 각각 5가지 형태에 대한 아리엔 이론의 개요를 제공받았고, 가장 공감이 가는 것을 선택하도록 권유했다. 그 당시 그들은 2인 1조로 서로 다르거나(그림 5.1) 같을 수 있는(그림 5.2) 선택으로 두 가지 모양을 결합한 환경 예술 작품을 만들었다. 그들은 초기 형태를 넘어 협력적으로 움직일 수 있는 기회를 제공받았고, 이로써 다양한

그림 5.1 *붙어 있는 나선 모양을 사용해 조각품을 쌍으로 구성*

형태를 통한 변형이 일어나 잠재적으로 치료 효과를 확장할 수 있었다. 여러 수준에서 이점이 발생해 전체적 참살이와 창의성을 향상시켰다.

그림 5.2 *환경의 특징 내 조각과 그림 사진 (컬러 버전은 삽입 참조)*

참여자들은 지역 사회의 예술치료 집단 및 작업장에 참석하는 주된 이유를 확인했다. 그 이유는 다음과 같이 분류하였다:

- 정신 건강 및 전체론적 참살이
  - 우울증 및 기타 정신 건강 증상을 극복하기 위해
  - 신체적 건강 문제의 회복을 촉진하기 위해
  - 원기회복을 경험하기 위해
  - 마음챙김을 경험하기 위해
- 변화 촉진
  - 알코올 남용 또는 식이 조절 부족과 같은 중독을 극복하기 위해
  - 창의적 관성을 극복하기 위해
- 사회성
  - 새로운 사람을 만나기 위해
  - 사회적 연결성을 위해
  - 긍정적인 사회 환경을 경험하기 위해
  - 다른 창의성이나 같은 생각을 가진 사람들과 함께하기 위해

- 지식/기술
  - 새로운 예술 기법을 배우기 위해
  - 예술치료에서 지식과 기술을 확장하기 위해
  - 새로운 자기 발견을 위해

- 창의력
  - 창의적으로 자극받기 위해
  - 새로운 영감과 창의적인 방향을 찾기 위해
  - 미래의 새로운 목표 설정을 위해

예술치료 5-핵심 스타 모델(2장 참조)은 개입 개발과 회기 구성 방식 모두에 초점을 제공함으로써 참여자의 다양한 치료와 교육 목표가 충족하도록 보장하기 위해 사용하였다. 자연에 대한 개입 과정을 개발할 때 모델의 5가지 영역은 자기 성찰, 변형 연대, 관계, 미적 기술 및 생활 방식 개발로 간주되었다. 이는 또한 참여 과정의 전체적인 이점을 극대화했다.

아리엔의 원형 상징 사용은 변형적 연대와 자기 성찰을 목표로 하는 동시에 미적 요소의 억제를 가져왔다. 변형적 연대를 통해 내부 차원에서 발생한 변화는 관계 개선에 영향을 미쳤고 생활 방식의 변화로 이어질 수 있었다. 관계 영역은 집단의 긍정적인 사회적 경험 과정을 통해 목표로 삼았고, 최종 과도기적 성찰에서는 생활 방식 측면에서 작업장이 어떤 이점이 있을 수 있는지에 대한 질문이 제기되었다.

사례 연구: 잭의 혼합 매체 환경 조각 과정

잭(Jack)은 참살이와 창의성 향상에 중점을 둔 지역 사회 기반 예술치료의 3일간 워크숍에 참석했다. 그는 이전에 정신 건강 문제를 경험했으며 예술 과정이 어떻게 치료적 이점을 제공할 수 있는지에 관심이 있었다. 그러나 그가 참석한 주된 이유는 "집단의 일원이 되기 위해서"였다. 이 집단은 미술실에서 만나 서로 소개와 프로그램 개요를 마치고 첫 번째 예술 과정으로 환경 조각을 안내받았다.

짝을 지어 달라는 요청을 했을 때, 잭은 이미 알고 있었던 비슷한 관심사를 가진 집단원과 함께 작업하기로 했다. 잭은 십자가를, 파트너는 원을 선택했지만, 자연 환경으로 나가자 그들은 해변에서 수집한 자원 중에서 항목을 골랐다. 그 곳은 전에 산책을 위해 사용했던 집 근처 해안 농장과 공원 보호 구역으로 그에게 친숙했던 장소였다. 두 사람은 추가 자연 재료를 수집하고 조각에 적합한 장소를 찾기 위해 들판을 돌아다녔다. 마침내 그들은 울퉁불퉁하고 풀이 우거진 땅 위에 박힌 원형으로 배치한 돌에 이르렀다. 그들은 환상열석(環狀列石)을 작품의 기초로 사용하고 그곳에 원형 상징을 통합하기로 결정했다. 잭은 유목 조각과 조개껍데기를 사용해 원 안에 십자가를 놓았다.

적절한 자원을 찾는 동안, 그들은 삼각형의 타이어 고무 조각을 발견했는데, 그것은 제작된 요소로 그들에게 매력적이었다. 이 후 삼각형 상징은 조개껍데기, 별과 꽃 공물이 있는 만다라(mandala)로 변형된 작품의 중심이 되었다.

다음 단계에서, 그들은 2인 1조로 발표하기 위해 더 큰 집단에 합류했다. 그들 공동 창작 여정에 대해 이야기하면서 예술적 승리와 축하를 감지했다. 그 집단 구성원들은 상상력과 재치 있는 자원 사용에 즐거워했다. 그들 조각품은 사진을 찍고 환경 헌정품으로 남겨졌다. 잭은 또한 다른 한 쌍의 창작물 발표도 즐겼다. 그는 작업장의 다음 단계를 위해 미술실로 돌아갔고 활력과 여유를 느꼈다. 모두가 서로 연결됐다는 느낌이 들었고, 이는 그가 참석하면서 품었던 희망을 일부 충족시켰다.

다음 이틀은 대부분 상상력과 자기 탐색에 초점을 맞춘 소묘와 회화로 이루어졌다. 셋째 날에는 주말 내내 예술치료 경험을 압축한 상징적인 그림을 캔버스에 그려보자는 제안이 있었다. 잭은 자신의 환경 조각 사진을 사용해 더 많은 작업에 참여하기로 결정했다. 그의 그림은 더 큰 기하학과 규칙성을 구성함으로써 만다라의 훨씬 더 강력한 차원을 취했다. 융기안 모래놀이 치료(Jungian Sandplay Therapy)에서 상징을 사용한 만다라의 자발적 출현은 과정의 완성과 일부 통합을 나타낼 수 있다(Turner 2017; Weinrib 2004; Kalff 2003). 잭은 자발적으로 이를 자기표현의 통합, 폐쇄 그리고 유동성 수단으로 선택했다.

McNiff(2004)는 "다른 재료와 환경이 구조에 따라 창의적인 표현을 이끌어 낼 것"이라고 말했다(p.20). 환경 속 조각품과 사진 표현 모두 고정된 이미지였다(그림 5.2 참조). 완성된 상징은 자유롭게 흐르는 물감 형태로 영혼의 관점에서 "귀향"이었다. 그 후 이 그림은 그 행사에 대한 영속적인 찬사로서 잭의 집에 자랑스럽게 걸렸다. 그것은 그 자신의 생생한 표현으로 자리 잡았고 이후 그가 만든 성공적인 삶의 여정을 함께했다.

그들은 조각을 만들 때, 일부 집단은 선택한 두 가지 원형 모양을 유지한 반면, 다른 집단은 잭과 그의 파트너 경우처럼 5개 영역의 추가 모양을 통합하는 변형이 일어났다. 과정은 논의할 필요없이 자발적이고 협력적으로 진행되었다. 작품이 어떤 방향을 취하든 무의식적인 과정을 통해 변형적인 결과를 낳을 것이라는 믿음이 있었다. "치유 에너지는 항상 개인 또는 집단 내에서 필요한 영역으로 가는 길을 찾을 것이다. 발견, 통찰, 그리고 변형은 상상력의 '복합체'를 통합하고 때로는 예상치 못한 원형의 사용을 통해 일어난다(McNiff 2017, p.27)."

참여자들은 그 과정이 활력, 자기 성찰, 사회적 연결, 정서적 참살이, 원기 회복을 포함하는 전체론적 차원에서 이익을 촉진했다고 보고했다. 그들은 예술적으로나 삶에서 새로운 생각과 방향을 향해 나아간다고 전했다.

인생 연대표

인생 연대표의 개념은 실제로 지체장애인들을 위한 접근 과정과 재활 서비스 환경에서 내담자 특정 요구를 대상으로 하는 기회로 개발되었다. 이 틀 작업은 심리학 실습 일부였던 두 가지 다른 연대표 개념을 통합하고(Estes 1992; Cameron 1997) 자연 환경을 매체 근원으로 활용하는 과정을 개발하기 위해 예술치료 관점을 사용했다(Evans 2015). 자연물과 관계는 다감각 경험을 제공했고 자연의 이점은 연결과 조화를 제공했다(Fabjanski and Brymer 2017).

목표로 삼은 구체적 요구는 삶의 사건을 상황에 맞게 반영할 수 있는 것으로, 이는 더 큰 관점을 보고 감상할 기회를 제공했다. 고통스럽고 긍정적인 사건을 정의하고 인정하며 감사히 여기는 것은 치료적으로 중요했다. 대부분 참여자는 삶의 과정에서 외상을 겪었고, 그 틀은 "과거(시공간적 사건의 맥락을 보장하는)"에서 외상을 찾을 기회를 제공했다(Rothschild 2000, p.155). 이는 미래를 향한 새로운 시작을 촉진하는 "긍정적 귀향"(Lubin and Johnson 2008, p.93)과 유사한 일종의 대중적 인식을 제공했다. 이 접근법에서 참여자는 선형적으로 그들 삶의 여정을 중요한 전체로서 외현화할 수 있었다. 이는 그들 삶의 이야기가 더 넓은 사회에서 별 의미가 없다는 암시를 통해 소외감을 느꼈던 사람들에게 가시성을 제공했다. 또한 인식되지 않았던 중요한 사건에 대한 인식과 통합의 수단을 제공했다.

자연에서 수집한 유기물은 다양한 모양, 질감, 색상 및 구조를 통해 연대표를 설명하는데 사용했고, 이는 은유적 요소를 제공하고 이야기에 상징적으로 생명을 불어넣었다. 자연과 접촉하는 것의 감각적 이점은 치료 과정을 강화했다. "자연계는 쉽게 우리 주의를 끌고(즉, 부드러운 매력) 인지 자원을 회복시킬 수 있는 능력이 있다"(Fabjanski and Brymer 2017, p.2). 소묘와 회화는 과정의 여러 단계에서 활용했으며, 아리엔(Arrien, 2002)의 기하학적 형태는 조각의 통합 과정 일부로 도입했다.

틀 구조 개발

Estes(1992, pp.364–376)는 이 틀 구조의 연대표 측면을 개발하면서 스페인어로 휴식 또는 휴식처라는 뜻의 데칸소(descansos)라고 명명한 과정을 제공했다. 그녀의 접근법에서는 연대표를 따라 십자가 상징을 사용해 "가지 않은 길, 끊어진 길, 매복, 배신과 죽음"(p.365)을 표시했다. 십자가는 연대표에서 상실한 것들을 고정시키는 은유로 사용했는데, 이는 해방감과 해결되지 않은 분노와 슬픔의 통합으로 이어졌다.

Cameron(1997, pp.44–57)은 특히 개인 정체성의 기초를 형성하는 이야기의 진정성과 관련된 "서술 연대표"에서 유용한 접근법을 제시했다. 그녀는 우리가 가지고 있는 외적으로 강요된 것과 자신의 눈으로 즐거움과 따뜻함을 통해 보이는 것을 구별했다. "우리가 전하기로 선택한 이야기는 우리 자신을 소중히 여긴 실화이며, 진정한 등불을 밝힌 자기(self)로 가는 지침이다"(p.46).

에스테스(Estes)와 카메론(Cameron)의 접근 방식을 개념적으로 통합함으로써 인생 연대표 틀은 한 사람 삶의 상실과 승리에 대한 균형 잡힌 시각을 불러일으켰다. 이 시간이 우리 각자가 되는 결정적인 순간이자 축하할 가치가 있는 지점으로 인식되었다. 선물과 생기를 주는 개입과 함께 투쟁과 고통에 대한 경의가 있었다. 장애를 안고 살아가면서 외상과 일상의 어려움을 겪는 사람들에게 이러한 "부정"과 "긍정"의 균형을 제공하는 것은 중요했다. 충격적이고 어려운 사건을 인식하고 공유하는 동시에 성취와 성장의 지표를 알아보는 기회가 되었다. 인생 여정의 더 큰 그림 안에서 미해결된 사건을 재구성하는 것은 자신의 강점과 재능을 가진 온전한 사람으로 영광스러운 일이었다. 이것은 미래에 대한 희망을 낳았다.

사례 연구: 인생 연대표를 통한 집단 여정

1 단계

연대표는 큰 종이에 5년 또는 10년 간격(나이에 따라 다름)을 표시하여 넓게 펼쳐진 미래를 향해 그려졌다. 병원 만남, 학교 교육, 생일 축하, 여행, 중요한 성과와 같은 일반적인 삶의 주제를 탐색했다. 이를 통해 연대기를 회상하고 기록하는 과정을 시작했다. 직원들은 기억에 남는 사건에 대한 서기 역할을 맡았다. 사건의 연대기를 완전히 포착하기 위해 환자가 질의 응답하는 과정이 있었다. 이는 그 사람이 이야기의 정확성에 만족할 때까지 계속되었다.

일부 연대표에는 놀라움이 있었다. 한 남자는 6살 때부터 각각 기억에 남는 매년 생일을 그의 가족이 축하해왔다는 것을 알아주기를 원했다(그림 5.5 참조). 또 장애에도 불구하고 일반 학교에 다녔던 한 여성은 스포츠 상을 수상했다. 한 유럽인 남성은 피지(Fiji)라는 태평양 섬에서 태어나 입양된 그의 여동생을 통해 두 번째 고향을 갖게 되었다. 부모 죽음이나 자녀 죽음과 같은 깊은 슬픔을 안겨준 사건도 있었다. 그리고 그 집단 모든 이들은 다양한 종류의 의료 개입과 질병으로 병원에 입원한 경험이 있었다. 그들 모두가 고군분투하며 승리하는 것이 어떤 것인지 알고 있었다.

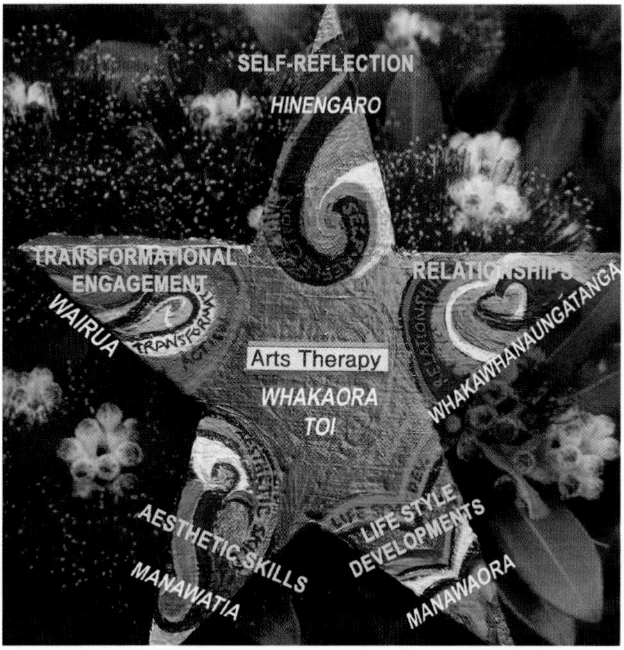

그림 2.1 *영어 및 마오리어의 예술치료 5-핵심 스타 모델*

그림 2.2 *예술치료 5-핵심 스타 영역*

그림 2.4 *상징 배치 및 반영을 위해 휠체어 탁반을 사용하는 참여자(앤디)*

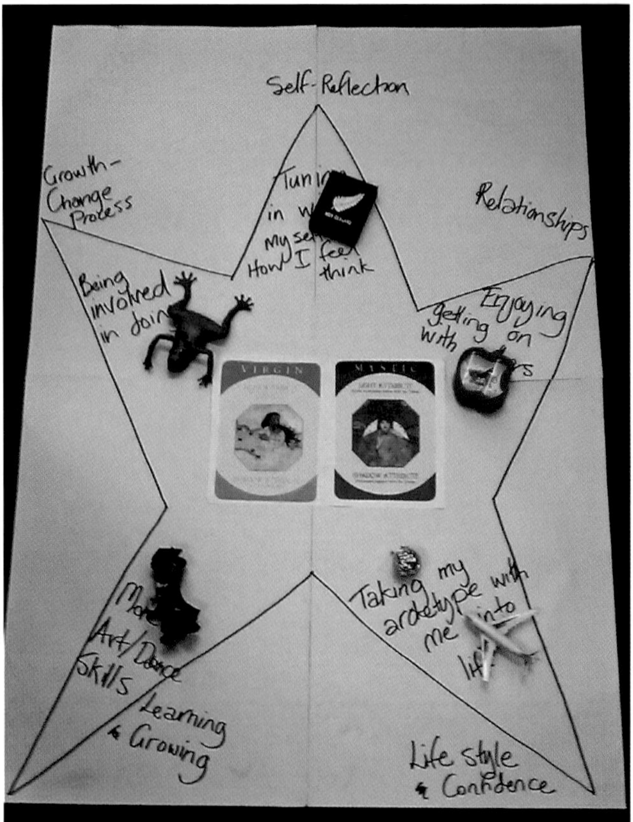

그림 2.5 *핵심 스타 양식으로 표시된 무용단 참여자(앤디의) 상징*

그림 3.1 *이름표 및 상징을 사용한 관계도의 예*

그림 3.2 *물에 방출되는 유사한 작은 크기의 공물*

그림 3.3 *완성된 요정 정원*

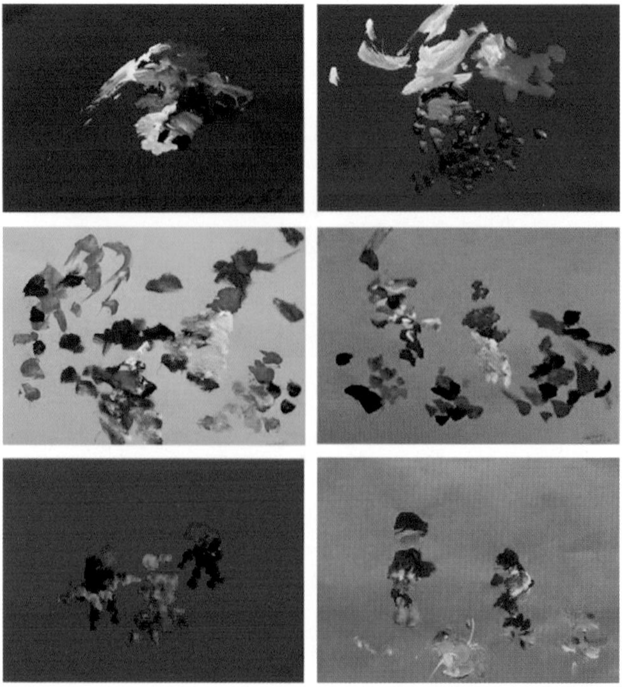

그림 3.5 *"정원의 요정들" 그림 연작*

그림 4.7 *바다를 항해하는 추장의 사진이 있었던 보물 상자 내부*

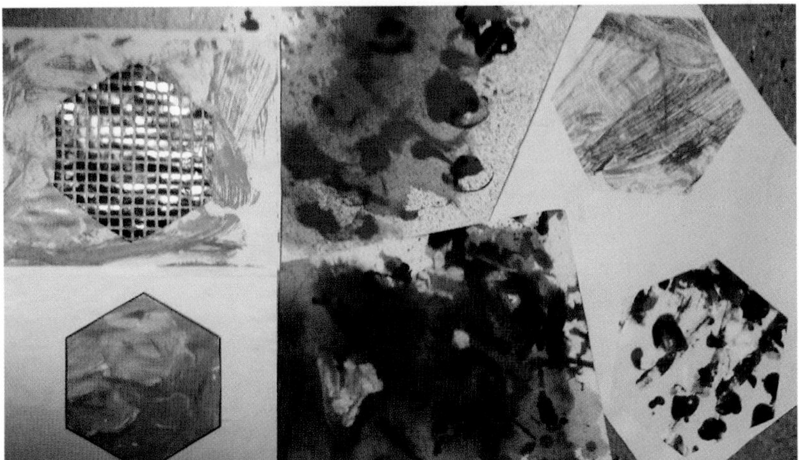

그림 4.12 *B 예술가의 콜라주 형태 및 매체 시험*

그림 4.12 *B 예술가의 성스러운 그릇 축소모형*

그림 5.2 *환경의 특징 내 조각과 그림 사진*

그림 5.4 *연대표에서 자연물을 통합한 조공 기념물*

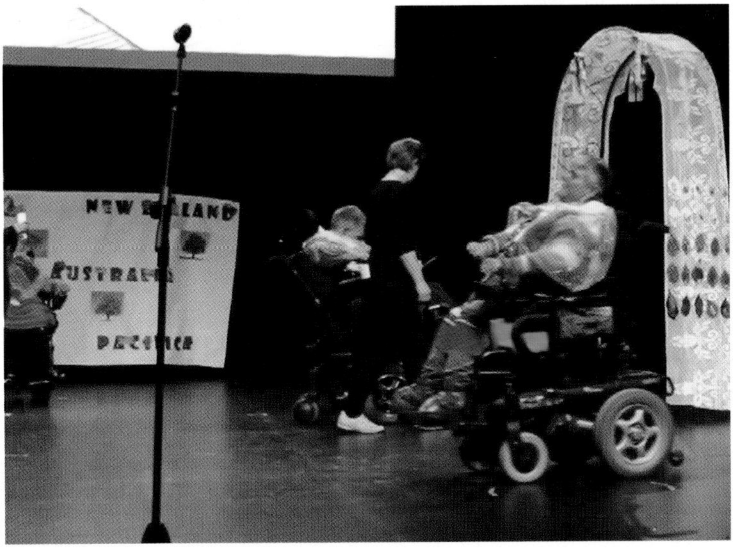

그림 6.9 *무용 6에서의 역할 구현*

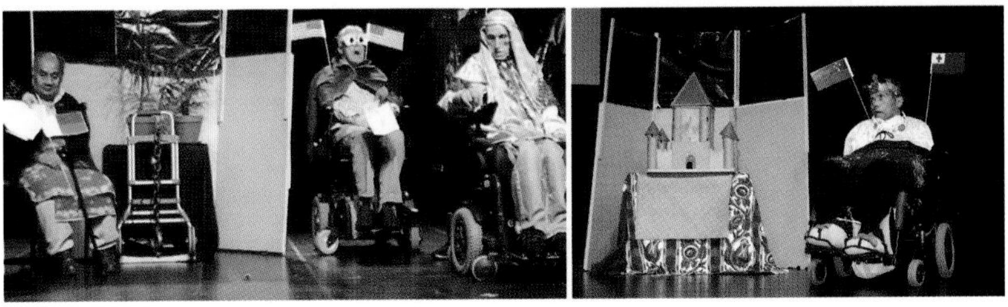

그림 7.10 *오클랜드 인터렉트 축제에서 공연하는 배우들*

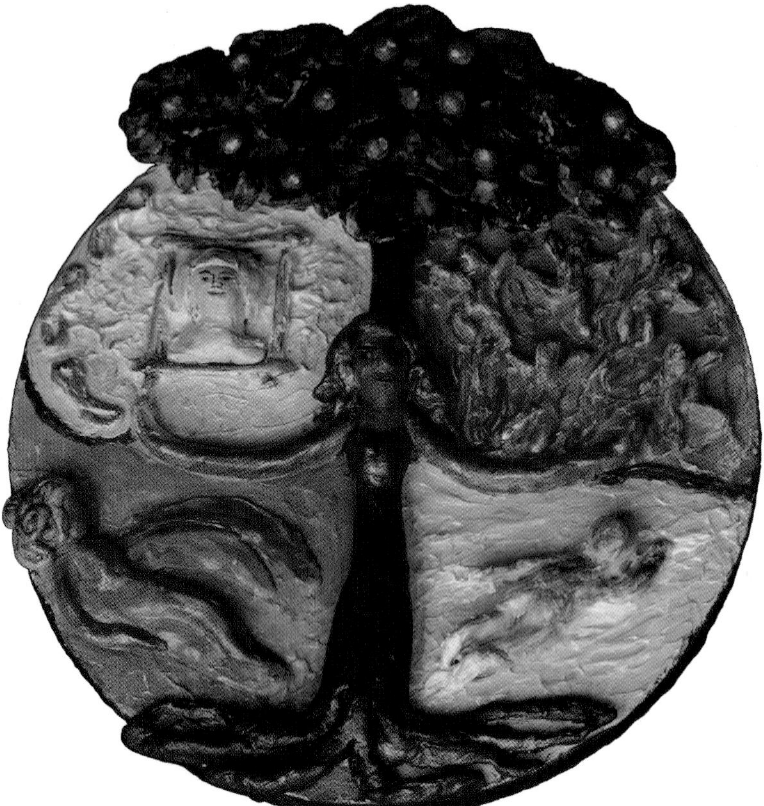

그림 9.1 *4가지 원형 요소 보유*

2 단계

자연에서 얻은 자원을 제시하고 자연물을 은유적으로 활용하는 과정을 설명하였다. 참여자들은 기존 해안 수집품에서 선택하고 건물 주변의 정원에서 추가 재료를 수집하여 도움을 받았다. 도시 속에서 자연이 품고 있는 것이 무엇인지 알아차리고 참여자 개개인의 공감을 불러일으키는 항목을 찾는 경험은 자연에 더 밀착시켰다. 뾰족한 공, 매끄럽고 평평한 잎, 들쭉날쭉한 암석, 광택이 나는 돌, 갈퀴 막대기 등 수집된 항목은 은유와 미술 제작에 대한 소중한 요소가 되었다.

3 단계

식별된 사건들이 어떻게 경험되었는지에 대한 시각적 설명으로 자연물들은 하나씩 연대표를 따라 배치되었다. 그 항목은 효과적으로 소통하는 동시에 사건이 그 사람에게 어땠는지에 대한 추가 질문과 인식을 불러일으켰다. 예를 들어, "당신은 그것을 위해 크고 거친 바위를 선택했다. 그동안 많이 힘들었다는 뜻인가?" "저 말린꽃은 별 공처럼 보인다. 그것은 축하인가, 아니면 다른 의미인가?"라고 말했다. 그 후 선택한 자연물은 염색 공정을 통해 색상이 향상되었다.

4 단계

연대표를 촬영하여 재구성하거나 사진을 참조할 수 있도록 했다.

5 단계

참여자들은 집단 과정의 일부로 공유된 그림(그림 5.3)을 통해 연대표에서 선택한 사건들을 탐색했다. 사건을 물감 매체로 표현한다는 점에서 배경으로 선택한 종이의 색상은 중요한 출발점이 되었다. 다양한 색상 선택권을 제공하여 대비와 강조를 제공하였고 개인적인 삶의 풍부한 태피스트리(tapestry)를 나타냈다.

그림 5.3 *연대표 및 자연물; 선택한 사건의 그림*

6 단계

빨간색, 주황색, 황금색, 연두색, 청녹색, 하늘색, 파란색, 보라색으로 유기적 매체에 적합한 다양한 염색용 용액을 만들었다. 참여자들은 염료 욕조를 사용해 선택한 대상들 가운데 일부를 강화했고 물감으로 장식했다.

7 단계

그릇은 자연 건조한 점토와 연대표 대상들을 사용해 조각 기념물로 선택하거나 만들었다. 여기서 5가지 원형 형상(Arrien 1992, p.12)의 3차원 형태를 제안했으며, 다른 모양도 가능성으로 제시했다.

8 단계

기념비는 미래에 대한 희망을 포함한 삶의 여정에 대한 공물로 만들어졌다(그림 5.4 및 5.5). 이를 통해 사건은 시각적, 심리적으로 그 사람의 과거, 현재, 미래가 하나의 통합된 전체로서 경지에 이르렀고, 시각적 차원에서 미술작품은 열정, 창의성, 독창성, 그리고 미적 배려를 표현했다. 그림 5.5의 경우, 이 조각품은 예술가 4명의 데뷔 갤러리 작품 전시회 일부가 되었다. 바닷가 물건을 활용한 그의 인생 이야기를 상징했던 기념비는 그의 삶과 바다의 연결을 더욱 탐구하는 그림 촉매제가 되었다. 이를 통해 예술가로서 인정 받고자 하는 직업적 열망이 실현되었다.

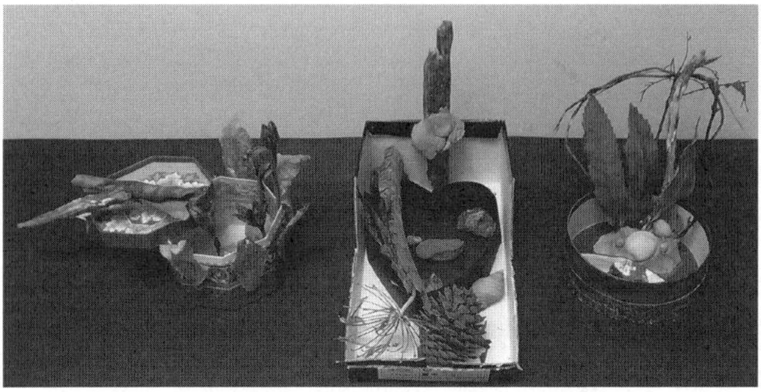

그림 5.4 *연대표에서 자연물을 통합한 공물 기념비 (컬러 버전은 삽입 참조)*

그림 5.5 *20개 이상의 생일 축하를 포함한 '내 삶과 바다의 색'*

9 단계

참여자들은 그 과정에 대해 이야기하도록 초대받았지만, 그것이 어렵다는 것을 알게 되었고, 그림이 대화의 선호 수단으로 떠올랐다. 어떤 집단원은 자신의 생각을 목소리 높여 표현할 수도 있었다. "마지막에 그림이 정말 중요했다. 내가 할 수 있는 말은 이것뿐이다.", "신과 함께 하길.", "무슨 뜻인지는 잘 모르겠지만, 바로 다시 해보고 싶다!" 이는 집단 과정에서 매우 어울리는 종결이었다.

요약

잭의 경우 자연의 개입 과정에서, 자연 조각에 대한 회화적 반응을 생성하는 기회는 의미 형성과 통합 측면에서 중추적인 것으로 입증되었다. 의미를 도출하기 위해 다른 예술 형식을 통해 그 과정을 확장할 수 있었던 것이 효과적이었다. 창의적인 반응을 하는 것은 더 자연스럽게 시적 표현으로 이어졌다. 그리고 언어장애인들 경우, 그림은 생각을 외현화하는 핵심 수단이었다. McNiff(2017)는 다음과 같이 말했다:

> 다양한 미술 매체의 사용은 상상력의 생태계를 풍부하게 한다. 우리는 가능한 자원으로 상상력을 키우고, 재료의 혼합을 심화함으로써, 이 통합 지능이 창의적 상상력의 치유와 재구축의 길을 찾을 것이라고 항상 신뢰한다. (p.30)

자연 속에 있고 수집된 유기물을 다루는 것은 참여자들이 관찰하고 감각을 사용하는 데 초점을 맞춘 현재 순간으로 이끌었다. 원형적 상징 형태와 접근으로 작업하는 것은 억제와 관련된 긍정적인 인지적, 창의적 도전을 가져온 동시에 치유 변형이 일어날 수 있는 무의식과 연결을 제공했다. 소묘와 회화의 사용은 편리하고 통합적인 면에서 이바지했다. 통합 예술의 창의적 치료 렌즈는 치료 결과를 극대화하는 데 유용했다.

다양한 맥락을 위한 미로 소개: 외상

연대표의 과정은 외상 회복에 중점을 둔 장애인을 포함한 다양한 내담자 집단을 수용하도록 추가 조정되었다. 외상에서 구현의 역할을 다루는 움직임과 규정에 초점을 맞춘 미로의 추가 원형 차원으로 확장이 있었다. 이러한 접근은 자신의 내담자에게 적용할 수 있는 경험이 필요한 실무자를 위한 연수회에서 제공되었다. 서로 다른 장소에서 작업하면서, 공간에 적합한 접근법으로 결과의 차이를 도출하는 과정에는 미묘한 차이가 있었다.

새로운 방향을 개발하면서 지진과 기타 자연재해로 외상과 장애를 겪은 사람들의 회복에 있어 현장이 담당 역할을 고려했다. 외상 경험의 일부로 피해가 발생한 장소와 사람들 사이에는 깊은 유대감이 있었다. 치료 과정을 통해 이곳이 신성한 땅으로 존중될 수 있다는 개념이 있었다. 미로는 연대표를 제시하는 수단을 제공했고 의식과 신성한 땅의 개념을 지지했다.

미로의 기원은 이집트, 그리스, 로마 신화로 거슬러 올라간다. 몇 년 전, 나는 초기 기독교인들에게 귀속되었던 "미로 걷기" 기회에 참석한 적이 있었다. 유니커셜(unicursal) 기독교 상징이 큰 천에 그려져 세계 일주를 하고 있었다. 그 공들인 터는 기독교 순례가 너무 위험해진 시기에 사용되었고, 그 후 미로 걷기가 상징적으로 이루어졌다고 한다. 성스러운 천을 가로질러 명상 의도로 걷는 경험은 구현 측면에서 지속적인 인상을 남겼다. 이는 외상에서 구체화와 분리의 역할을 고려할 때 적절한 원형적 연결로 보였다(Rothschild 2000).

연구를 통해 인생 연대표 과정에서 개별적인 방향을 나타내기 위해 표현된 다양한 범위의 유니커셜 패턴이 발견되었다. Estes(1992)와 Cameron(1997)의 토대가 제시되었고, 이어 "당신의 마음으로 가는 길은 어떤 모양인가?"라는 질문을 던지면서 개인 미로의 심상화를 장려하는 명상 연습이 뒤따랐다.

과정 지침

지침 사항들은 다음과 같았다:

1. 마음으로 가는 길은 어떤 모양인가?
2. 떠오르는 모양이나 직선을 사용하여 인생 연대표를 만들 수 있다. 이것을 큰 종이에 그려본다.
3. 오늘 자신을 드러낸 삶의 중요한 사건은 무엇인가?
4. 간단한 연대표를 작성한다.

5. 미로 또는 선형 모양을 사용하여 각각을 미로나 연대표에 표시한다. 그 다음 연도, 관련 단어 또는 구문으로 표시를 지정하여 중요한 사건의 지도를 작성한다.

6. 자연물에서 당신이 도표화한 중요한 사건들, 즉 크기, 질감, 색상, 반복, 강도, 자연의 기능 등을 가장 잘 나타낸 것을 살펴본다. 그것들을 연대표의 적절한 지점에 배치한다.

7. 중요한 사건을 상징하는 대상을 선택하기 위해 인생 연대표의 모양을 따라 걷거나 춤을 춘다.

8. 잠시 시간을 내어 자신이 걸어온 여정을 감상해 본다.

9. 배열한 자연물을 사용하여 경험과 여정 전체를 압축한 조각품을 만든다.

10. 미래에 대한 염원과 목표를 상징하는 장식을 추가한다.

자연 유기물 외에도 다양한 색상의 향상을 위해 염색 과정을 거친 수집품이 있었다. 또한 사용하지 않는 의상 장신구, 구슬, 유리 정제, 조화, 진주, 깃털 및 기타 물건도 있었다. 기념물 제작을 위해 철사, 끈, 자연 건조 점토 및 기타 재료가 제공되었다.

주안점은 실무자들이 내담자에게 제공할 수 있는 구체화된 과정을 통해 경험을 제시하는 데 있었다. 다양한 음악의 연속은 창의적 자극을 더했고 개별 미로 경로를 따라 움직임을 장려했다. 기념비를 향한 의식이나 명상의 몸짓도 완성 수단으로 권장했다.

작은 방은 중앙에 공간을 남겨두고 탁자를 정사각형이나 원형으로 배치하였다. 장신구는 공간의 중심부에 있는 바닥에 놓였다. 이 중앙 무대에서 미로 경로를 따라 걷거나 춤을 추면서 상징적인 가슴 중앙의 장식을 고르는 움직임이 일어났다. 그 움직임 양상은 완전한 탐색이 아니라 맛보기가 되었다. 그러나 미로를 걷는 상징적인 징표로 만든 장난스러운 춤 동작과 경로 모양이 있었다. 피드백은 전체 과정이 가치 있는 교육 경험을 제공했으며 틀 구조를 실무에 쉽게 활용할 수 있다고 제시했다.

방이 더 큰 경우에는 스카프나 타악기와 같은 추가 자원을 사용할 수 있었다. 이는 구현의 개념을 탐구하고 방의 선택된 영역 내에서 표현적인 움직임을 실험할 수 있는 더 큰 기회가 있음을 의미했다. 일부 치료사에게 다양하고 깊은 탐색은 치료 과정 측면에서 강력한 촉매제가 되었고, 그 여정은 상당한 개인 성장과 더 큰 참살이로 이어지는 활력과 연결을 강하게 가져오는 것으로 확인되었다.

지체장애인 집단의 특정 상황에서, 이는 그들 자신의 미로를 그린 다음 휠체어 이동이나 춤을 통해 그 경로를 구현할 수 있다고 제안되었다. 가슴 중심에 장신구와 중앙 공간을 연출한 접근은 각 참여자가 이동 경로에서 집단에 의해 볼 수 있게 됨으로써 매우 유용할 것이다. 다른 단계의 과정은 이전 인생 연대표 개입에서 발생한대로 수행할 수 있었다.

결론

통합 예술치료의 환경 조각은 자연물 작업과 이점을 원형적 틀과 결합했다. 자연에 대한 개입은 아리엔(Arrien, 2002)의 5가지 상징 형태를 활용하여 자연 환경에서 다른 매체를 통해 치료 효과가 확장된 곳에서 예술 작품을 만들었다. Estes(1992)와 Cameron(1997)의 접근법을 활용한 인생 연대표는 장애인들이 필요로 하는 것을 직접 겨냥하는 접근 가능한 과정을 제공하기 위해 개발되었다. 추가 원형 개발은 움직임과 구현이 구성 요소인 미로의 사용이었다. 각각 접근법은 유의미한 치료 결과를 보여주었고, 지체장애인들이 접근할 수 있도록 만들 수 있었다.

CHAPTER 6

표현 무용 동작

키워드: 신화, 사계, 아니무스(animus), 집단주의, 안무, 구현, 연극, 기동성 목표

무용 예술은 제한된 특정 공간에서 발전했는데, 여기서 사용한 접근법은 특정 내담자 집단의 흥미와 능력 및 장애에 대한 응답으로 생겨났다. 집단의 관심사에는 장애인의 예술적 능력을 보여주는 3일 간 연례행사인 인터렉트(InterACT) 축제 무대에서 공연할 기회가 포함되어 있었다. 원형은 매주 또는 격주 집단 회기 과정을 통해 치료적 만남의 핵심 차원을 제공했고, 이는 공연 작품으로 절정에 달했다. 여기서 이야기한 두 집단의 연구, "마우이(Maui)의 전설"과 "사계(四季)를 통한 세계 일주"는 원형 사용이 어떻게 긍정적인 치료와 성과 결과로 이어졌는지에 대한 대조를 제공한다.

다학제 팀 맥락에서 무용 예술 개발

무용 예술은 재활 서비스에서 발전한 통합 집단의 장으로, 자금 지원 계약을 통해 물리 치료가 우선시 되었다. 음악과 동작의 이점은 학제 간 환경에서 인식되었고, 무용 예술이 신체적 기동성 목표를 지원할 수 있다는 개념은 개발과 포용에 대한 더 큰 자극을 주었다. 무용 예술의 틀은 예술 제작과 함께 표현 동작과 안무를 탐구하는 내담자의 주도적 접근법을 통해 개발했다. 치료적 이점은 음악에 대한 신체적·정서적 반응, 원형적 참여, 극적인 규정, 예술 제작, 그리고 사회적 상호작용을 통해 다양한 수준에서 발생

했다.

Lewis(1996)는 무용치료가 "전통적이거나 비전통적인 공연 예술, 민족지학적 의식 무용, 민속 무용, 사회 무용의 모든 형태를 포함한다. 그러나 이는 또한 일상적인 동작과 관계에서 무용도 포함한다(pp.96−97)." 무용 과정은 표현 안무와 함께 전통적인 형식을 따랐다(Halprin and Weller 2003).

원형은 상징성을 통해 정서적, 심리적 참살이를 향상시키는 것으로 치료적 만남의 핵심 차원을 제공했다. 그리고 구현된 특성화의 기초로서, 이는 지체장애로 움직임이 제한된 상황에서 중요했다. 결과는 예술치료 5−핵심 스타 평가를 통해 전체 치료 목표에 대해 긍정적인 것으로 나타났다. 이 평가에서는 집단 내 개인 진행 상황에 대한 질적 및 양적 평가를 제공했다(Gordon−Flower 2014b, pp.104−119).

물리치료 체육관 공간은 휠체어를 탄 최대 여섯 명과 휠체어를 이용하지 않는 추가 인원도 참여해 보조할 수 있었다. 인턴, 자원 봉사자 또는 지원한 직원의 참여로 수동 의자를 사용하는 장애인들은 완전한 지원에 의존했고, 다른 장애인들은 안무에서 전동 의자를 운전하는 데 약간의 도움이 필요했기 때문에 무용이 가능했다. 휠체어를 사용하지 않은 일부 참여자도 시각장애, 지적장애, 사회불안, 자폐증 또는 걷기와 무용할 때 불안정한 보행으로 인해 도움이 필요했다.

회기는 1시간 30분 동안 진행되었고, 워밍업과 아래에 요약된 집단 안무 및 예술 제작 과정에서 선택한 활동을 포함하도록 구성되었다.

음악에 반응하는 워밍업

자신과 조율하기

참여자들에게 현재 감정을 조율하고 그 자리와 공간 주변을 이동하는 등 동작을 통해 어떤 식으로든 감정 표현을 시작하고, 선호하는 동작 표현을 발견하도록 요청했다. 음악과 무용 동작을 통해 감정을 표현하거나 변형할 수 있다고 제안했다.

다른 사람들과 조율하기

참여자들에게 자신이 즐기는 동작을 찾도록 요청했고, 각자 그 동작을 반영한 집단을 이끌 수 있는 기회를 제공했다. 그들은 짝을 지어 함께 춤을 추었고, 때로는 세 명씩 춤을 추도록 제안했다. 각자 차례로 돌아가며 넓은 중앙 공간을 활용했고, 그 집단이 보고 감상한 음악에 맞춰 독무를 만들어냈다.

무대 공연을 위한 안무 동작 개발

원형에 초점을 맞춘 작업

참여자들은 집단에서 장기적 탐색을 위해 인물을 개발한 다음 그 인물의 구현을 지지하기 위한 음악과 상징을 선택했다.

안무 접근 방식으로 작업

참여자는 다른 무용수들과 같은 안무 동작을 사용하거나 선두를 지원하는 다른 움직임을 통해 무용을 이끌었다. 이는 각 사람의 인물을 압축하는 일련의 춤들을 만들었고 주제 안에서 다양한 안무 동작을 제공했다.

작품 제작

그림을 사용한 동작 반응 및 경험 성찰

참여자들은 자신이 춤에서 어떤 경험을 했는지, 인물을 표현하면서 어떤 느낌을 받았는지 성찰하거나, 현재 순간에서 느낀 감정을 표현해 보라는 요청을 받았다.

혼합매체를 통한 주제의 정체성 상징 탐색

참여자들은 자신의 인물과 무용 이야기를 가장 잘 표현하는 이미지와 색상을 고려하도록 제안받았다.

무용 인물을 표현하기 위한 소품 및 의상 제작

무용수들은 선호하는 재료를 사용하고 특성을 반영한 선택된 색상과 상징물을 통합하여 의상을 연구하고 디자인했다.

표현 무용 동작과 혼합 매체의 결합은 창의적인 놀이를 통해 참여와 변화를 위한 더 큰 기회를 제공했다(Gordon-Flower 2014b; Halprin and Weller 2003).

원형 주제를 다루면서, Ellis(2001)는 다음과 같이 말했다:

> 상징적 영역은 일반적으로 물질이 의식 수준에서 알려져 있지 않은 놀이와 창의성의 장소다. 동작 은유는 명백하게 알려지지 않은 상징적 의미를 반드시 제공한다. 무용/동작 치료사는 내담자에게 적극적으로 알려지지 않은 주제를 그들 주의를 끌기 위해 동작 은유에서 의미나 가설을 추론할 수 있다. (p.182)

마오리 신화에서 마우이의 원형적 주제와 사계의 주제는 "완전한 의식적 주의를 기울이지 않고도 개입을 알려주는 은유적 물질에 대한 상징적이고 지식의 영역과 직관적 반응"의 과정을 통해 나왔다(Ellis 2001, p.182). 생각은 가능성으로 제시되었고 관심 영역으로 집단원의 공감을 얻었다. 과정에 참여하는 전체에 걸쳐, 집단원의 치료 요구와 중재로서 주제의 이점 사이에 연관성이 나타났다.

원형적 역할을 구현한다는 개념은 물리적 동작의 자유 대신 사용된 접근법의 강력한 구성 요소였다. "구현은 신체가 경험의 주관적 원형 또는 상호주관적 근거인 실존적 조건이다"(Csordas 1999, p.143). "무용과 연극의 구현된 예술치료에서" 변형은 "상상의 영역"에서 일어난다(Lewis 1996, p.98). "어렸을 때 대부분 사람들은 환상에 빠져 여러 인물들로 가장했다."는 것은 그 인물이 실제가 아니라는 것을 아는 것이다. 이는 "이러한 인물들이 신체 여러 곳에 존재하기 때문에, 이 상상의 중심에서 자연스럽게 동작이 나타나도록 역할을 하는 것은 개인 삶에 적응하는데 심오한 영향을 미친다."라는 것을 포함한다(Lewis 1996, p.98).

이런 종류의 놀이는 어린 시절 장애인들이 반드시 이용할 수 있었던 것은 아니었지만, 참여자들은 쉽게 역할을 수행할 수 있는 능력을 보여주었다.

구현은 자세, 얼굴 표정, 머리 각도, 눈 맞춤 및 비언어적 사회적 참여를 포함해 신체 언어와 자발적인 안무 동작을 통한 행동 수행에서 분명했다. 최소한 독립적인 신체 동작이 있는 사람이라도 역할 구현을 위한 신체 언어의 변화를 인식할 수 있었다. 전동 휠체어는 신체의 연장선 역할을 했으며 구현된 동작 표현의 일부를 형성할 수 있었다. 또한 속도와 방향 제어에 어려움이 있었을 때 표현을 방해할 수 있어, 이 경우는 사람이 구현된 역할을 수행하기 위해 도움이 필요했다.

대중 공연의 목표는 매주 또는 격주 회기에 참석하는 강력한 동기였다. 공연을 향한 여정은 무대에서 공연할 수 있는 능력이 있다고 인정받는 변형적 측면과 함께 중요한 치료 이점을 제공하였다. 무대 위에 서는 것은 "더 큰 사회에서 소외되거나, 잊혀지거나, 보이지 않는 사람들을 위한 목소리"로 가시성을 가져왔고, 은유적으로 제공하는 증인의 극장(Theatre of Witness) 제작과 상관관계가 있었다(p.14). 무용수들의 원형적 역할과 예술적 강점을 목격하고 그에 반응한 관객들도 치료적 측면에서 핵심적인 역할을 했다. 무용수들은 더 큰 자신감으로 힘을 얻었고, 서로 연결되고 인정받았다는 느낌을 갖게 되어 자존감이 높아졌다. 무용수들이 원형에 대한 해석과 예술적 공헌을 통해 관객 삶을 풍요롭게 했다고 느껴졌고, 이는 참여자들에게 더 많은 참여 기회를 모색하도록 동기를 부여하여 더 많은 혜택을 주었다.

사례 연구: 마우이의 전설

마오리 신화의 "마우이의 전설"은 원형적 참여, 특성화, 동작, 예술 제작이 이뤄지는 무용 예술 주제로 선정되었다. 마우이 이야기가 일부였던 마오리 전설의 기원, 창조, 영웅 신화와 관계는 지속적인 마오리 집단의 정체성 구축에서 핵심 측면으로 인식되어 왔다(Majid 2010, p.13). 마오리 신화에 참여함으로써, 아오테아로아(뉴질랜드)민족의 이중문화적 이해관계와 일치하게 되었다. 동시에, 그 이야기들은 보편적 주제와 특성을 포함했다.

다른 태평양 문화에서 발견된 마우이 이야기는 다양했고 마오리 문화 내에서도 여러 번안이 있다. 이 집단이 관심을 갖게 된 이야기의 측면은 다음과 같다:

> 마우이는 태어났을 때 조산아로 생존을 기대하지 않았던 반신반인이었다. 그의 어머니는 그를 그녀의 머리카락으로 묶어 만든 배로 바다에 풀어 주었다. 그곳에서 그는 바다의 신 탕가로아(Tangaroa)에게 구출되어 초자연적 힘을 갖고 자라났다. 그는 다섯 형제 중 막내였고, 성인이 되어 가족을 찾았을 때 그의 어머니는 처음에 그가 자신의 아들이라는 사실을 믿지 않았다. 형제들과 관계는 소외되었고 질투의 대상이었다. 그는 그들 어선에 몸을 숨긴 후에야 낚시 여행에 동행할 수 있었다. 그리고 나서 그는 엄청난 어획량을 낚아채는 것을 포함해 북섬 아오테아로아(뉴질랜드)를 바다에서 건져 올리는 등 초인적인 힘을 보여주기 시작했다. 그러자 그의 형제들은 기꺼이 그를 도왔고, 하늘을 가로지르는 경로를 늦추기 위해 태양을 포획하는 위업을 함께 수행하여 더 긴 낮 시간을 만들었다.

다섯 명씩 두 집단이 같은 주제로 작업했지만 개인과 집단 관심을 통해 이야기의 다른 부분을 전개했다. 그 후 그들은 열 명의 큰 집단이 되어 전체 출연진으로 공연하기 위해 무대에 섰다. 무용수들은 자신에게 반향을 일으킨 이야기에서 어떤 역할이든 맡을 수 있었고, 추가 역할을 만들 수도 있었다. 더 큰 집단에는 두 명의 마우이 인물이 있었는데, 마우이 형제 가운데 한 명이 아내를 얻었고, 예기치 않게 도착한 신비한 물 생물인 *타니화(taniwha)*가 있었다. 두 여성은 각각 마우이의 형제 역할과 또 다른 바다의 신 탕가로아 역할을 맡았다. 남성 역할을 선택할 때 필요한 작업과 행동은 여성에게 강하게 반향을 일으켰다. 동시에 "진취적 정신, 용기, 진실성" 및 영성을 포함한 긍정적인 측면에서 아니무스의 성별과 측면을 탐색할 기회가 있었다(Jung 1964, pp.194–195).

집단 1: 역할

집단 1의 역할은 다음과 같다:

- 마우이 어머니, 타랑가(Taranga)
- 세 가지 다른 작업의 마우이(Maui)
- 신비로운 물의 생물, *타니화(Taniwha)*
- 태양 포획을 도와주는 마우이 형제
- 가족을 먹여 살리기 위해 물고기를 잡는 마우이 형제

집단 1: 역할 개발의 무용

집단 1의 역할 개발의 무용은 다음과 같이 진행되었다:

1. 타랑가는 아기 마우이를 물에 넣을 준비를 한다.

   타랑가는 자신의 머리카락으로 만든 작은 배에 요람을 싣고 아기를 품에 안고 바다에 풀어 줄 준비를 하며 슬픈 탄식의 춤을 춘다.

   그 집단은 그녀 뒤에서 유사한 동작을 사용하여 그녀 춤을 지원한다.

2. 타랑가는 아기를 물에 풀어주고 멀리 떠난다.

   전체 집단(타랑가 포함)은 촘촘한 원을 형성한 다음 밖으로 이동하여 더 큰 원을 형성한다.

3. 마우이가 연속 공연한다.

   마우이는 어머니 타랑가를 만나 춤을 춘다.

   낚시를 시작하고 스스로 춤을 추는 타니화를 끌어들인다.

   그런 다음 그는 집단을 통해 만들어진 북섬의 *테 이카로아 아 마우이(Te Ikaroa a Maui)*를 낚아 올린다.

4. 형이 *하라케케(harakeke)* 밧줄로 태양을 잡고 있다(여자가 춤을 춘다).

   형제는 큰 *하라케케* 아마 밧줄을 가지고 있는데, 그것을 던져서 해가

지는 것을 돕는다.

그녀 뒤에서 군무가 그녀의 동작에 따라 움직인다.

5. 형은 낚시를 하고 있다(여자가 춤을 춘다).

형제는 가족(*whanau*)을 위한 물고기를 잡기 위해 낚싯줄을 가지고 춤을 춘다. 나머지 집단은 그녀의 동작에 따라 뒤에서 춤을 춘다.

역할과 관련된 집단 1의 참여자 개인 이력은 표 6.1에 제시되어 있다.

표 6.1 역할 관련 참여자 개인 이력(집단 1)

인물	무용수의 치료적 관심	혜택
마우이의 어머니, 타랑가	그녀는 조산아로 태어났고 생존할 것으로 기대하지 않았다. 그녀는 여전히 어머니의 애도에 대한 해결책을 찾고 있었다.	그녀는 아이를 보내야 하는 엄마 역할을 경험하는 동시에 집단의 지지를 받을 수 있었다.
세 가지 다른 작업을 수행한 마우이	그는 예술, 옹호, 고용을 포함한 여러 분야에서 숭고하고 가치 있는 목표를 달성하기 위해 노력했다.	그는 그의 능력에서 잠재력과 권한 있는 자신을 경험할 수 있었고, 이는 삶의 목표를 향한 격려가 되었다.
신비한 물의 생물, 타니화	그는 즐거움을 줄 수 있는 장난스러운 방법으로 자신의 마오리 문화 정체성을 표현할 기회를 찾았다.	그가 마오리 문화 개념에 참여할 수 있는 기회는 제한적이었고, 자신의 정체성과 개성을 힘 있고 창의적으로 표현할 수 있었다.
태양을 포획하는 데 도움을 준 마우이 형제(여성의 춤)	그녀는 태어날 때부터 가족과 단절되었고, 사회로부터 배제되어 소외감을 가중시켰다.	가족의 일원이 되고 중요한 일을 도울 수 있다는 것은 매우 중요했다.
가족을 먹여 살리기 위해 물고기를 잡는 마우이 형제(여성의 춤)	그녀는 낚시가 생활양식의 일부였던 태평양 제도에서 뉴질랜드로 이주했다.	그녀는 자신의 문화유산과 자신이 자란 환경을 표현할 수 있었다. 이는 그녀의 개인적, 문화적 정체성을 유지하는 데 중요한 역할을 했다.

집단 2: 역할

집단 2의 역할은 다음과 같다:

- 바다의 신 탕가로아(Tangaroa)
- 북섬 테 *이카로아 아 마우이(Te Ikaroa a Maui)*를 끌어올린 마우이
- 태양을 포획하는 데 도움 주는 마우이 형제
- 남편의 태양을 포획하는 일을 도와주는 아내
- 물고기를 잘 잡는 형

집단 2: 역할 개발의 무용

집단 2의 역할 전개의 춤은 다음과 같이 진행되었다:

1. 바다의 신 탕가로아가 마우이를 발견하고 그를 구해내고 변신시킨다.

   마우이는 물 속의 바위처럼 천으로 완전히 덮여 있었다.

   탕가로아는 그의 주변에서 춤을 추며 마법의 힘을 부여하고 그를 공개한다.

   이는 춤을 추며 자신의 힘을 시험하는 어른 마우이를 드러낸다.

2. 형제와 그의 아내는 함께 태양을 잡는다.

   형제와 그의 아내는 둘 다 태양까지 닿는 *하라케케*(아마) 밧줄을 잡고 태양을 끌어내린다.

   집단은 그들 동작에 따라 뒤로 이동한다.

3. 형제는 가족을 위해 많은 물고기를 배에 싣는다.

   형제는 낚시를 할 때 휠체어 기울기를 사용하고, 자신이 끄는 운반물의 무게로 배가 바다에서 위아래로 요동친다.

   집단은 그가 올라가면, 내려가는 식의 반대되는 그의 동작을 반영한다.

4. 마우이는 북섬 테 이카로아 아 마우이를 끌어당기는 줄다리기를 한다.

   마우이와 북섬 테 이카로아 아 마우이를 구성하는 나머지 집단 사이에 큰 줄다리가 있다.

   집단의 동작은 그가 무대를 가로질러 그들을 끌 때까지 앞으로 약간 뒤로, 조금 더 앞으로, 그리고 약간 뒤로 간다.

   그들을 마주한 마우이는 그들과 함께 앞뒤로 움직인다.

두 집단의 무용수들이 전개한 이야기, 즉 인물화와 음악 선택은 태양을 향해 손을 뻗고, 바다에서 낚시를 하고, 줄다리기에 참여하는 신체적 행위를 포함한 동작에 대한 강한 동기를 부여했다. 이러한 행위는 신체적 민첩성과 동작 범위를 확장하는 물리 치료의 목적을 지지했다.

역할과 관련된 집단 2 참여자의 개인 이력은 표 6.2에 제시되어 있다.

표 6.2 역할 관련 참여자 개인 이력(집단 2)

인물	무용수의 치료적 관심	혜택
바다의 신 탕가로아	그녀는 종종 무력감을 느꼈고, 이것이 갈등으로 이어졌다.	그녀는 긍정적인 방식으로 권한을 잡고 다른 사람의 잠재력에 힘을 실어주는 것이 어떤 것인지 경험했다.
북섬 테 이카로아 아 마우이를 끌어올린 마우이	그는 강력한 리더십 잠재력을 가졌지만 직업에서 적당한 역할을 찾지 못했다.	그의 잠재력은 전체 집단을 이끌고 영향을 미치는 무용에서 그 역할을 수행할 수 있었다.
태양을 포획하는 데 도움을 준 마우이 형제	그는 중요한 다른 사람과 사랑의 동반자 관계에 관심이 있었다.	그는 파트너의 도움을 받고 중요한 일을 함께 하는 경험을 할 수 있었다.
태양을 포획하는 남편의 일을 돕는 아내	그녀는 중요한 다른 사람과 사랑의 동반자 관계에 관심이 있었다.	그녀는 동등함을 경험 할 수 있었다.
파트너와 중요한 업무를 수행하는 많은 물고기를 잡은 마우이 형제	그는 표현의 기회를 많이 찾지 못하는 아버지 같은 자질을 가지고 있었다.	그는 가족과 지역사회를 먹여 살리기 위한 충분한 물고기를 제공함으로써 자신의 자비로 가족을 돌볼 수 있었다.

신화의 원형적 이야기를 접함으로써 집단에 공통적인 근본 주제들이 있었다. 이 주제들은 힘든 출생, 버려짐, 구출, 배제, 변신, 잠재력 발견 등을 포함했다. 이러한 주제는 집단 전체 치료 효과에 영향을 미쳤다. 무용수들은 또한 고유한 역할을 만들어 자신의 개인적 발전과 치유를 시도할 수 있었다.

원형적 이야기를 통한 치료적 발전

무용수들은 각각 치료적 관심과 요구로 일상에서 가능한 범위를 벗어난 삶의 역할을 경험할 수 있는 기회를 제공하는 신화적 원형에서 개성화된 성격을 발전시켰다. 무용수들은 원형적 이야기를 작업하면서 개별 치료적 관심에 대한 표현을 찾았다. 각자 맡은 역할과 주어진 임무를 지원하는 군무와 함께 무용을 주도적으로 맡았다. 집단 지원의 개념은 일상에서 집단적 접근이 가치 있는 마오리 문화와 일치했다.
Weiten(2004)은 다음과 같이 말했다:

> **집단주의는 개인 목표보다 집단 목표를 우선시하고 자신이 속한 집단의 관점에서 자신의 정체성을 정의하는 것을 포함한다.**
> (예: 가족, 부족, 집단 작업, 사회 계층, 지배 계급 등)... 집단주의 문화는 공유된 가치와 자원, 협력, 상호 의존 및 자신의 행동이 다른 집단원에게 미치는 영향에 대한 관심을 높은 우선순위에 둔다.
>
> 많은 현대 사회가 과도기에 있지만 일반적으로 북미와 서유럽 문화는 개인주의적 경향이 있는 반면, 아시아, 아프리카 및 라틴 아메리카 문화는 집단주의가 더 높은 경향이 있다. (p.65; 원본 강조)

안무를 뒷받침하는 마오리족 사회 개념은 각 집단원에 대한 존중과 무조건적인 긍정적 관점을 보여주는 측면에서 유익했다. 마오리 문화에서 긍정적인 사회적 접근은 참살이를 촉진하고 향상시키는 치료 환경의 기본으로 인식되었다. 마오리 접근법은 개별화된 치료 목표와 일치하는 원형적 인물 역할을 통해 획득한 성과를 강화하는 데 이바지했다.

사례 연구: 사계를 통한 세계 일주

계절의 원형적 의미

그리스 신화에서 수확의 여신 데메테르(Demeter)가 절망에 빠져 세상의 영역을 등한시하자 겨울이 찾아왔다. 그녀의 딸 페르세포네(Persephone)는 납치되어 지하 세계로 끌려갔다. 그녀 관심이 아이를 찾는 데 쏠리는 동안, 그녀 온기는 대지에서 멀어지고 처음으로 겨울이 찾아왔다. 딸의 귀환과 노예 해방은 봄을 불러왔다. 이는 매년 페르세포네가 일정 기간 동안 지하 세계로 돌아가야 했기 때문에 주기의 시작이었다. 그녀가 없으면 겨울이 오고 그녀가 돌아오면 봄이 오곤 했다.

신화는 계절이 원형적 차원에서 심오한 심리적 의미를 지니고 있으며, 우리 기분에도 영향을 미칠 수 있다고 제시했다. 또한 계절마다 다른 심리적 과제가 할당되었다. 여름은 아마도 사회적 연결과 축하의 시간, 가을은 풍성한 수확에 감사함을 표현하고 다가오는 겨울을 준비하는 물러남, 자기 성찰 및 영적 집중의 시기일 것이다. 페르세포네의 봄 귀환의 기쁨은 겨울이 끝나기 전 가을에 결실을 맺기 위해 여름을 거쳐야 하는 새로운 창조적 비전을 초대한다.

역사적으로 하지(夏至)와 춘분(春分)에는 전체 지역 사회에 각 계절과 심리적 일치를 제공하는 의식이 있었다. 하지는 일 년 가운데 일조량이 가장 많은 날로 6월 21일경이며, 동지(冬至)는 일조량이 가장 적은 날로 보통 12월 21일경이다. 북반구는 6월에 하지, 12월에 동지를 기념하는 반면, 남반구는 그 반대를 기념한다. 춘분은 3월 20일에서 9월 22일 사이에 적도와 태양 중심 사이의 정렬을 포함한다. 하지와 춘분과 함께 봄과 가을의 시작을 나타내는 의식은 성탄절, 부활절, 유월절(逾越節), 춘절(春節) 및 힌두교 나바라트리(Navaratri)를 포함한다.

집단 과정에서 계절별 초점 개발

무용 예술에서 계절의 원형적 차원에 접근하면서, 그 여정은 집단원을 위해 계절별 다양한 종류의 연관성을 발견하기 위한 영감으로 시작되었다. 인터넷 관련 이미지 검색에 따라 사실적이고 직관적인 지식을 바탕으로 그림을 그렸다. 그 다음 참여자들은 각자가 선호하는 계절에 따라 시각적으로 생기를 불어넣는 콜라주를 만들어 기념했다. 사계에 걸쳐 집단원 선호도가 고르게 분포되어 있음을 발견하고 선택에 대한 이유를 제시하는 것은 흥미로웠다. 여기에는 계절의 온도와 색상, 관련된 자연의 사건들과 사회 활동, 상징적 언급이 포함되었다.

계절별 기준이 있는 노래를 찾기 위해 추가 인터넷 조사가 이루어졌다. 참여자들은 안무에서 춤을 이끌 노래에 도달했다. 개발된 춤의 안무는 부분적으로 우리가 이전에 성공적으로 시도했던 것과 다른 노래들이 시사하는 것에 대한 예술적 반응을 더해 영감을 받았다. 또한 일부 녹음된 곡들의 영상에서 무용 동작과 연결되어 상황에 맞게 각색하고 적용했다. 이는 계절 순환에 대한 근본 개념이 내내 강력한 고려 사항으로 남아 있었다.

해가 거듭되면서 인터렉트(InterACT) 축제 주최 측은 "전 세계적으로"라는 주제를 제시했는데, 이는 계절이 원형적이고 전체적이라는 개념과 잘 맞는다. 그 다음 무용수들은 선호하는 계절과 선택한 노래와 관련하여 어느 나라가 방문 장소로 반향을 일으켰는지 고려했다. 안무가 진행되는 동안 이동하게 될 비행경로를 표시하기 위해 세계 지도를 만들었다. 이미지를 제공받았고, 우리는 각 무용의 계절과 지역을 참고하여 디지털 배경이 되는 슬라이드 쇼를 만들었다. 이는 각 계절의 다양한 환경에 대한 강력한 시각적 참조를 제공하여 원형 과정과 연결을 강화했다. 표 6.3은 여덟 명의 참여자를 대상으로 한 무용 공연에서 계절, 노래, 지역별로 요약된 과정을 보여준다.

표 6.3 참여자의 계절, 노래 및 지역 선택

참여자	계절	노래	지역
LY	겨울	"겨울왕국" 앤더슨-로페즈와 로페즈, 노래 멘젤 (Anderson-Lopez, K. and Lopez, R., vocals Menzel, I., 2013)	파리, 프랑스

(계속)

참여자	계절	노래	지역
JM	겨울	"하얀 결혼식" 아이돌과 스티븐슨, 노래 아이돌 (Idol, B. and Stevens, S., vocals Idol, B., 1982)	뉴욕, 미국
SH	봄	"눈사태" 토마스와 휴스턴, 노래 힐송 유나이티드 (Thomas, D. and Houston, J., vocals Hillsong United, 2011)	남부 알프스, 뉴질랜드
MA	봄	"내 머리위로 계속 떨어지는 빗방울" 바카라흐와 데이빗, 노래 토마스(Bacharach, B. and David, H., vocals Thomas, B., 1969)	런던, 영국
PA	여름	"뜨거운, 뜨거운, 뜨거운" 캐셀, 노래 뱅가 보이즈 (Cassell, A., vocals Venga Boys, 2013)	서퍼(sufer)의 천국, 호주
LI	여름	"해변 길 아래" 레스닉과 영, 노래 미들러(Resnick, A. and Young, K., vocals Midler, B.,1988)	캘리포니아, 미국
EN	가을	"지구의 노래(Earth Song)" 잭슨 (Jackson M.,1995)	피지(Fiji), 태평양 제도
JO	가을	"왕족" 오코너와 리틀, 노래 로드(O'Connor, J. and Little, J., vocals Lorde, 2013)	오클랜드, 뉴질랜드

각자가 참여하는 일련의 선택과 예술적 기여 등들 통해 공연 전개와 안무에서 개별 경로에 대한 집중도가 높았다. 동시에, 집단 과정은 매우 협력적이고, 창의적이며, 응집력이 있어 계절처럼 순환적이고, 흐르는 안무에 이르렀다. 무대 발표뿐만 아니라 예술과 집단 과정은 계절 전체의 통일감을 반영했다.

1차 무용은 무용수들이 조각상처럼 잠자고 얼어붙은 파리의 겨울을 나타내기 위해 파란 무대 조명 아래서 시작되었다. 리더 무용수 LY가 극단 일원이 되었고, 촉매자 역할은 걸어서 이동할 수 있는 사람이 각 무용수들의 손길 역할을 맡았다. 각각 손길이 닿으면, 그들은 활기에 넘쳐 무용 파트너를 만나기 위해 무대 중앙으로 나아갔다(그림 6.1). 아무리 무용의 정평이 난 창작 감독이 LY였다 해도, 우리는 공연 전반에 대한 주인의식이 높아졌다.

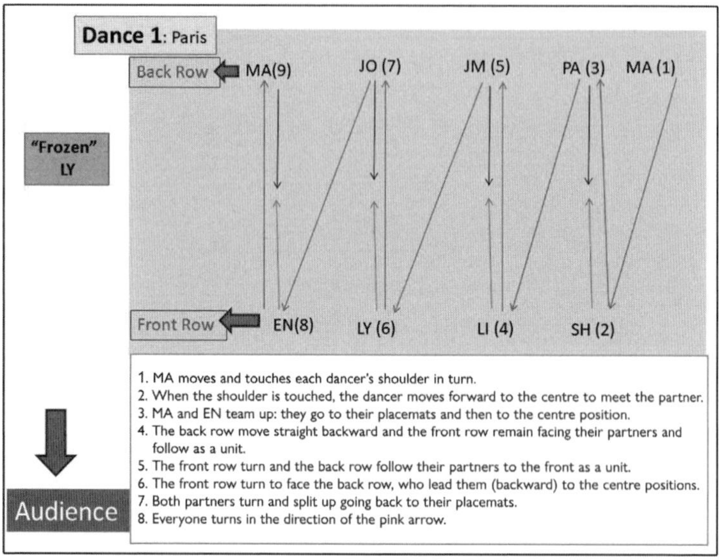

그림 6.1 *무용 1 평면도*

우리는 뉴욕으로 여행을 떠났고 하얀 겨울의 결혼식을 올렸다. 마찬가지로 무용 2에서는 공식 작가이자 무용 인솔자 JM이 극단 단원이 되었고, 다른 한 쌍은 상징적인 아치 길로 안내했다(그림 6.2). 안무 전체 과정에서 무용수들의 신체적 위치와 동작을 세심하게 고려하여 각자 빛날 수 있는 시간을 가졌다. 그리고 JM이 봄으로 진행되는 무용 3에서 휠체어 회전의 가장 좋아하는 동작을 보여줄 수 있는 기회가 있었다.

봄으로의 진행은 SH에 의해 개념화 되었고, 그녀 노래에서처럼 은유적 눈사태의 이상적인 장소는 아오테아로아(뉴질랜드)의 남부 알프스였다. SH는 무용 3을 위해 우리를 지구 반대편으로 데려갔고, 녹색 무대 조명 아래 춤추는 짝들 사이에서 빙글빙글 도는 탱고 춤이 있었다(그림 6.3).

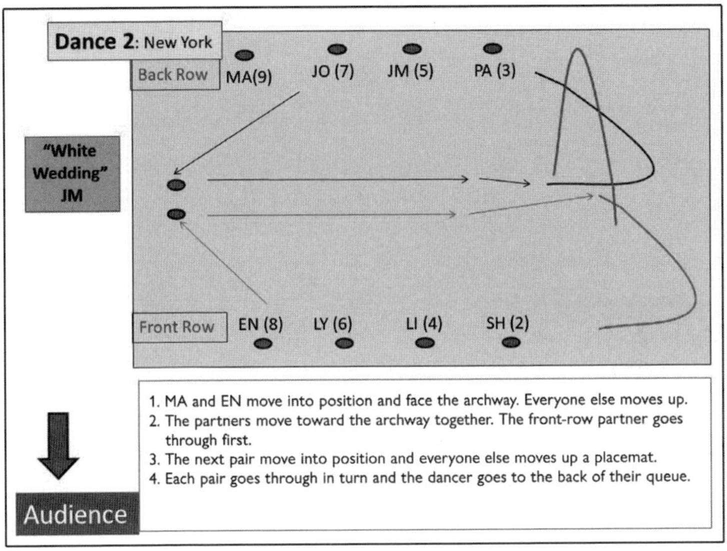

그림 6.2 *무용 2 평면도*

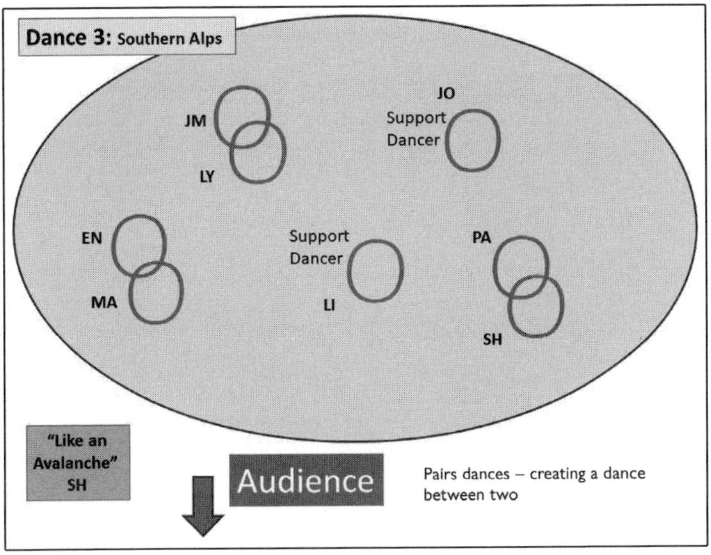

그림 6.3 *무용 3 평면도*

봄의 또 다른 측면은 비였고, MA는 런던이 변덕스러운 소나기 장소임을 발견했다. 탱고는 옛날 영국 거리의 민속춤을 연상시키는 4명의 무용수들로 이루어진 쌍방향 순환으로 바뀌었다. 4명의 다른 무용수들이 원을 중심으로 사각형을 형성하고 서로 박자에 맞춰 공연하였다(그림 6.4).

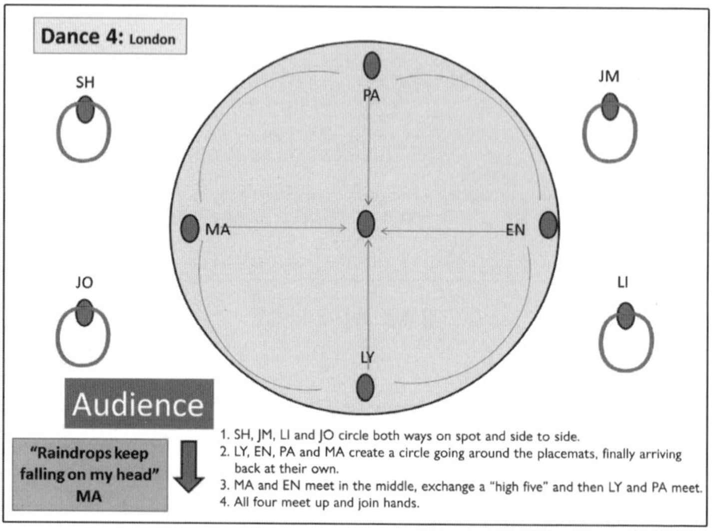

그림 6.4 *무용 4 평면도*

여름으로 넘어가면서 무대 뒤편에는 노란 조명 아래 무용수들이 늘어서 있었다. PA는 우리를 뜨겁고 강렬한 서퍼(sufer)의 천국 해변으로 데려갔고, 무용단은 관객들에게 열기를 불러왔다. 일부 무용수는 관객들과 소통하기 위해 남아 있다가 다른 무용수가 돌아가는 동안 여름 연극에서 서로의 길을 교차했다(그림 6.5).

LI는 우리를 파티가 계속되는 캘리포니아의 햇살 가득한 해변 산책로 아래로 데려갔다. 그들은 파트너와 동시에 무대를 가로질러 이동했고, 환한 조명 아래서 잠시 동안 아치 기둥 아래나 주변을 빙빙 돌았다(그림 6.6).

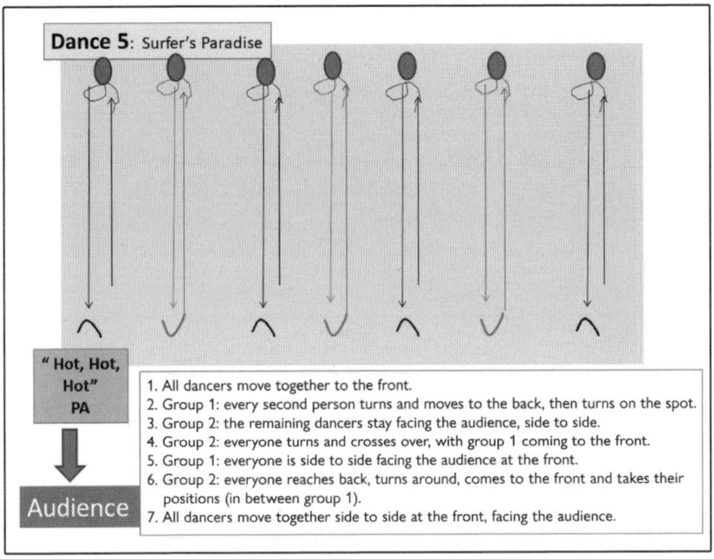

Dance 5: Surfer's Paradise
" Hot, Hot, Hot"
PA
Audience
1. All dancers move together to the front.
2. Group 1: every second person turns and moves to the back, then turns on the spot.
3. Group 2: the remaining dancers stay facing the audience, side to side.
4. Group 2: everyone turns and crosses over, with group 1 coming to the front.
5. Group 1: everyone is side to side facing the audience at the front.
6. Group 2: everyone reaches back, turns around, comes to the front and takes their positions (in between group 1).
7. All dancers move together side to side at the front, facing the audience.

그림 6.5 *무용 5 평면도*

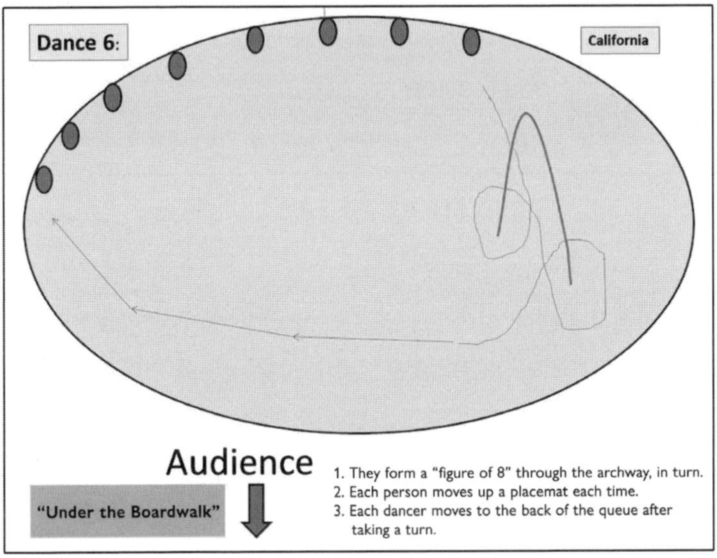

Dance 6:
California
Audience
"Under the Boardwalk"
1. They form a "figure of 8" through the archway, in turn.
2. Each person moves up a placemat each time.
3. Each dancer moves to the back of the queue after taking a turn.

그림 6.6 *무용 6 평면도*

가을은 고향인 아오테아로아(뉴질랜드)로 돌아가는 여정이 있었지만, EN의 출생지인 피지(Fiji)에 중간 기착이 없었던 것은 아니다. 우리는 붉은 조명 아래 '지구의 노래'(Earth Song)를 들으며 감성적이고 선율적인 가사와 함께 겨울로 넘어가기 시작했다. 무용은 율동적이고 순환적이어서 계절 분위기를 전면에 내세웠다(그림 6.7).

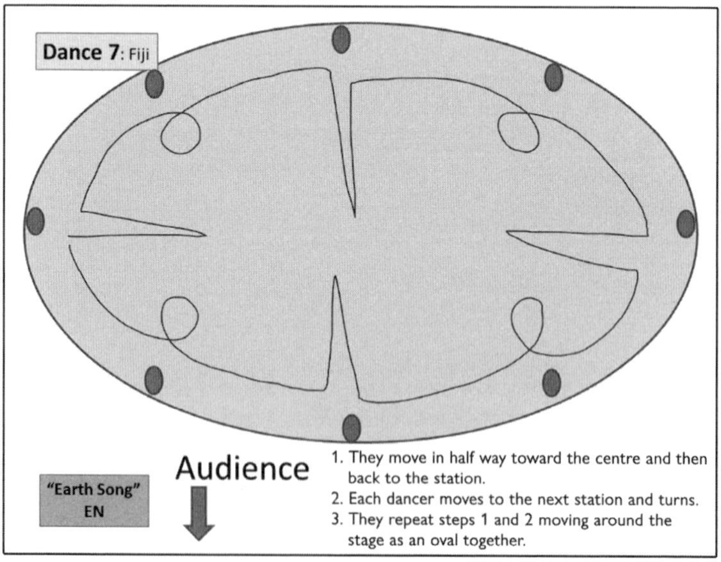

그림 6.7 *무용 7 평면도*

JO의 창조적 연출에 따라 오클랜드로 돌아와, 우리는 "왕족"이라는 노래를 통해 우리의 뿌리와 가을의 풍요로움 그리고 여왕의 권력을 쥐는 개념과 연결했다. 관객을 향해 지그재그로 떨어져 집단 정렬의 일부가 되기 위한 한 쌍의 길이 만들어졌다(그림 6.8). 우리 여정은 완성에 이르렀고, 우리가 성취한 것에 대한 승리감이 있었다.

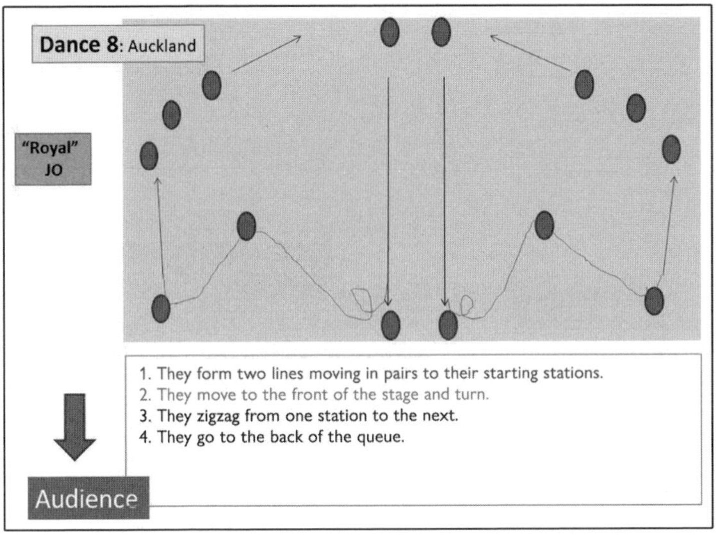

그림 6.8 *무용 8 평면도*

"사계를 통한 세계 일주"에서 물리치료의 목표를 지원하는 신체 기동성에 대한 강조는 적었지만, 그 과정은 다른 수준에서 더 큰 가능성을 열어주었다. 집단주의(Weiten 2004)의 개념은 덜 드러났지만, 집단이 전체 공연 안무의 주인의식을 가졌던 점에서 더 통합되었다. 무용수들은 의도한 춤 표현에서 최상의 결과를 위해 주연으로 서로를 지지했다. 각자 자신의 강점을 발휘하고, 전체 공연에서 리더로 빛날 수 있는 기회를 가졌다. 원하는 결과를 공유하기 위한 협력과 상호 존중의 수준이 더욱 강화되었다.

이 과정의 이점은 "마우이의 전설"보다 정신과 신체의 연결이 더 동기화되었기 때문에 전체적으로 더 균형 잡힌 것이었다. 계절을 반영한 곡의 적절한 표현과 태도를 보여주기 위해 안무 전개 과정에서 창의성과 복잡성이 더 컸다. 구현은 이제 자신을 적절한 자세로 유지하고 알맞은 안무 동작을 한다는 점에서 더 강력한 물리적 요소였다(그림 6.9). 이는 인지적으로 매력적이고 까다로웠으며, 관련된 무용수들의 공연 희망에 도달하기 위해서는 직원들 도움이 필요했다. 각자의 계절, 노래, 세계 각지를 기반한 무용 창작을 통해 그리고 작품 제작에서 이러한 선택에 기인한 상징을 바탕으로 강한 자기표현과 개인 정체성을 확보했다. "왕족"(오 코너와 리틀, 노래 로드 2013; 그림 6.10)의 강력한 음악 주제에 맞춘 마지막 무용에서는, 고향과 뉴질랜드인이라는 집단 정체성을 재정립했다.

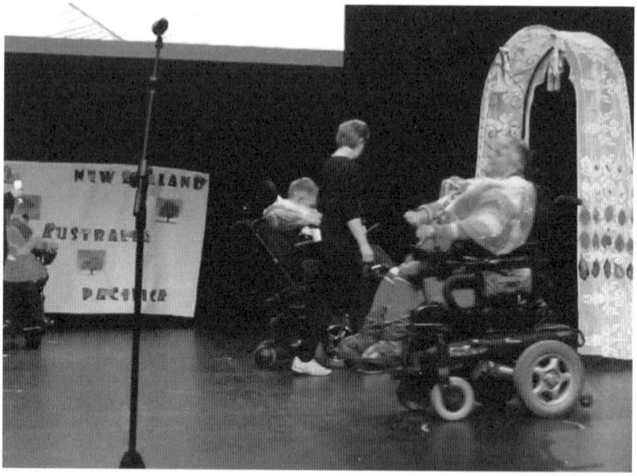

그림 6.9 *무용 6에서의 역할 구현 (컬러 버전은 삽입 참조)*

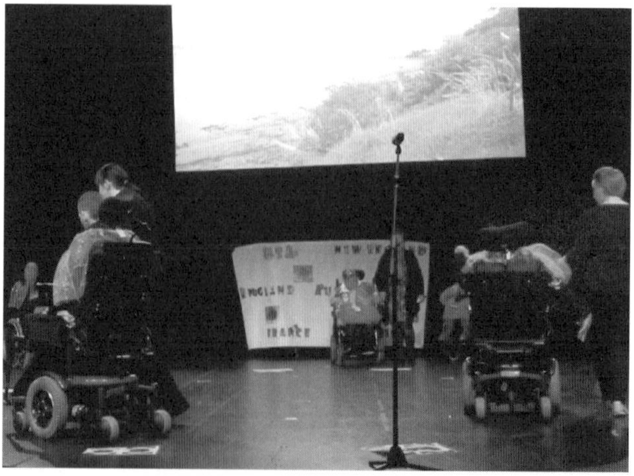

그림 6.10 *아오테아로아(뉴질랜드)의 고향 도착과 마지막 춤에서 "여왕의 힘"*

결론

두 무용 공연은 춤을 중심으로 하는 통합 예술치료 과정으로 작업의 전체적 이점과 다학제적 환경에서 물리치료의 기동성 목표를 지원할 수 있음을 보여주었다. 또 공연을 통한 개발 과정의 초점으로 원형적 접근을 사용해 개별 치료 목표와 연관된 강력한 치료 기반을 만들었다. 그리고 사회적 연결이 강화되어 더 큰 치료적 효과를 얻었다.

CHAPTER 7

연극

키워드: 원형 카드, 성별, 개성화, 그림자, 남성 집단, 영상 회고, 연기

여기에 제시된 두 가지 사례 연구는 여러 회기에 걸쳐 발전한 협동 개발 과정이 있었다. 비록 이야기 전개는 자발적이고 유기적이지만, 연극은 융(1964)이 개성화 초기 단계로 제시했던 왕이 등장한 신화와의 관계 묘사에서 원형적 양상을 따랐다고 볼 수 있다. 원형 카드(Myss 2003)는 두 연극 모두에서 인물 개발의 기초로 사용되었고, 두 번째 연극은 첫 번째 연극을 기반으로 집단이 상징적 측면을 어떻게 활용했는지를 볼 수 있다. 집단원은 자기 성장을 인식함과 동시에 예술적 기량과 더 나은 치료적 연대로 발전시켰다.

연극치료의 도입

이 연극 집단은 비슷한 지역에 사는 남성들의 특정 요구에 부응하여 생겨났다. 교통 문제 때문에 그들은 일반적으로 정규 집단에 접근할 수 없었다. 그들은 고향에 있는 연극 집단을 특별히 요청했다. 그들은 또한 음악에 관심이 있었고 특히 사회적 상호 작용의 필요성을 충족시키는 집단을 원했다.

수집된 정보에 따라 특별히 그들 남성들의 관심사를 위한 기회가 마련되었다. 이는 주간 회기보다 적은 격주로 2시간 동안 진행되었다. 연극은 주요 양식이었고 등장인물과 서사, 의상, 소품 제작, 때로는 반응과 자기표현 수단으로 상징과 예술 매체의 사용을 포함했다. 음악은 타악기, 기타 및 유투

브를 통해 녹음된 곡들을 사용하여 워밍업으로 통합되었다. 공유하는 점심은 회기 30분 구성 요소로 진행되어 비공식 친목의 기회를 제공했다.

이 집단의 남성들은 지체 장애, 지적 장애 및 발달 장애를 가지고 있었고, 배경과 민족성도 다양했다. 그러나 그들은 역할을 맡아 연기할 수 있는 능력이 있었고, 성격 묘사를 통해 만들어진 역동적인 관계에서 인간 존재의 복잡성으로 들어갈 수 있었다. Landy(2009)는 다음과 같이 말했다:

> 인간은 본질적으로 역할 수용자이자 수행자다. 이처럼 자신을 다른 사람으로 상상하고 다른 사람처럼 행동하는 능력은 본질적으로 배우지 않고 유전적으로 설정된 것이다. 인간은 균형과 조화를 위해 노력하며 양면성과 역설을 안고 살아가는 결과를 수용할 수 있는 능력이 있다. (p.67)

집단 과정과 역동 안에서 빛과 그림자, 일치와 불협화음을 견디며 연주할 수 있었다. 그리고 반드시 수많은 실타래가 조화를 이루는 것이 아니라, 집단 전체에 필수적인 각각 면모로 극적인 교향곡을 발전시킬 수 있었다.

맥락상 연극 접근의 시각적 차원은 남성의 자기표현과 역할 개발에 특히 중요했다. 집단의 몇몇 구성원은 언어장애나 지적장애로 인해 완전한 언어 대화에 참여할 수 없었다. 원형 카드(Myss 2003), 의상, 상징, 소품의 선택은 각 참여자가 자신의 극적인 인물을 창조하도록 개별화된 저작성을 부여했다. 심지어 상지가 수축되고 말을 하지 않는 남성들도 눈동자와 표정을 통해 자신의 선택을 표현 할 수 있었다. 인물 개발의 시각적 측면은 독립적으로 이뤄졌지만 인물의 명명, 이야기 전개, 서사의 작성은 협력적으로 진행됐다. 집단이 완전히 동의할 때까지 다양한 대본을 시도하고 시험했다.

지원 직원은 다양한 집단원의 개인사 및 문화와 관련된 지식을 보유하고 있어 협업 과정에서 핵심적인 역할을 했다. 그들은 또한 집단원이 식별할 수 있는 고유한 문화의 지식을 제공했다. 그들 이바지에는 문화적으로 풍요로운 환경을 제공하는 데 도움을 주었다. 문화 축제는 공유 점심시간으로 확장되어 모두가 좋아하는 음식을 가져와 서로 나누고 새로운 것을 시도하는 기회를 즐겼다. 문화의 다양성은 '기사왕의 딸'과 '태평양 국제협약'에서 근본적인 주제로 떠올랐다.

사례 연구: 연극 *'기사왕의 딸'*

Myss(2003)는 예상치 못한 중요한 역동성을 자극하는 방식으로 상상력을 사로잡았기 때문에 무용과 연극 집단 모두에서 매우 유용한 자료로 입증되었다. '기사왕의 딸' 연극은 원형이 어떻게 자신의 이야기를 현상학적으로 쓸 수 있는지를 보여주는 한 예다. "원형은 인간의 운명을 인도하는 힘을 가진 '신'이다"(Mitchell 1994, p.15). 참여자 각자 정신 속에는 원형이 잠자고 있으며, 카드와 연결을 통해 각성을 기다리고 있다는 느낌이 들었다.

지체장애인 내담자 집단과 함께 작업할 때 일반적으로 한 장의 카드가 성격 묘사에 대한 개인적 요구 사항에 불충분한 것으로 밝혀졌다. 원형적 역할과 연결하고 참여하려는 깊은 갈망이 있었다. 활기찬 향연을 제공하는 탁자에 도착했기 때문에, 하나의 선택으로 결정을 좁히는 것은 불가능해 보였다. 그러나 두 장의 카드를 결합하여 참여자들은 다차원적이고 충만한 식욕을 만족시킬 수 있는 원형적 인물을 의인화할 수 있었다. 이로부터 등장인물을 실제보다 더 큰 지위로 만들고 여러 주제를 취하는 의미 있는 집단 치료 여정을 만드는 것이 가능했다.

'기사왕의 딸' 연극 전개는 격주로 10회에 걸쳐 진행되었고, 회고하고 기념할 수 있는 영상 녹화를 제작했다. 이 영상은 연극 공연의 잠재적 과정에 대한 초기 탐색을 제공했고, 대중 공연을 포함한 추가 연극의 연단이 되었다.

이 집단은 뇌성마비, 뇌졸중, 시각장애, 선천성 질환 및 발달장애를 가진 아홉 명의 남성장애인으로 구성되었다. 두 남성은 분명하게 말할 수 있었다. 이 가운데 한 사람은 극작가가 되고 싶다는 뜻을 밝혔다. 그는 대본에 상당한 입력을 할 수 있었다. 세 명의 남성은 단어와 짧은 구절로 명료하게 말할 수 있었고, 나머지 네 명은 비언어적이었다. 두 사람을 제외하고는 모두 휠체어를 타고 있었다. 집단의 직원은 이야기 전개를 개발하는 데 도움을 주고, 방의 다른 영역을 사용하기 위해 이동을 도왔으며, 대본에서 행동을 수행하거나, 의상 입는 것을 도우며, 필요한 경우 인물의 목소리가 되었다. 사용된 예술 공간은 카펫 바닥과 접이식 가구가 있는 대형 창고를 개조하여 방의 여러 부분에 세트를 만들고 그들 사이를 이동할 수 있게 했다.

창작 과정을 시작하기 위해 각 참여자가 볼 수 있도록 탁자에 놓여 있던 2장의 원형 카드를 선택했다. 어떤 경우는 이미지가 반향을 일으켰고, 다른 경우는 원형 제목이 핵심이었으며, 때로는 둘 다 중요했다. 카드의 빛과 그림자 속성에 대한 설명이 큰 소리로 읽혀졌다. 그래서 참여자들은 긍정적인 면과 부정적인 면 모두 원형적 특성에 대해 더 많은 이해를 얻었고, 두 개의 카드로 어떻게 작업할지를 결정했다. 집단의 도움으로, 참여자들은 인물에 맞는 이름을 정했고, 연기에 도움이 될 의상과 개별 소품을 선택하는 시간을 가졌다.

다양한 등장인물들은 집단원이 함께 어떤 여정을 떠날지, 그리고 어떤 서사가 펼쳐질지 고민하는 재미와 설렘을 동시에 선사했다. 남성 가운데 두 명이 여성 역할을 맡기로 했다. 한 사람은 악마의 특성을, 다른 한 사람은 선함의 특성을 내세웠다. 또 다른 참여자는 "피해자"와 "작가"의 원형을 결합했다. 그러나 그는 "살인자"라는 단어도 추가했다. 당연히 왕이 있었다. 그러나 그는 영웅적인 탐험 기사의 역할도 수행했다. 순례의 형태로 탐구의 잠재적인 이유를 제시하는 메시아 왕자가 있었다. 인물의 다양성 안에는 다른 왕국이나 나라에서 온 사람들의 제안이 있었고, 이는 이야기 전개와 배역들의 전체 작명에 영향을 미쳤다. 이는 다음과 같다:

- 왕–말 **빌**(**Bill**)과 함께 마족의 땅에서 온 기사 **밥**(**Bob**)
- 전사–선구자 **투푸**(**Tupu**)
- 형사–런던 경찰청의 복수자 **팀 심스**(**Tim Simms**)
- 구조대원–동반 **대장 V.**
- 예술가–사기꾼 **잭슨**(**Jackson**)
- 매춘부–안내자 **록산느**(**Roxanne**)
- 피해자–작가–살인자 **크루즈**(**Cruise**)
- 구세주–강기슭에서 온 **다윗** 왕자
- 서기관–천사 **마리아**(**Maria**)

의상, 역할, 각본 선택에 대한 단편적 시험 과정을 통해 이야기가 펼쳐지고 대본으로 통합되었다. 다음은 원본의 줄임말로, 배우 본인이나 직원 보조가 제공한 해설자와 인물 목소리가 포함되었다. 배우들은 해설자의 지시에 따라 다른 세트로 이동했고, 다음과 같은 방식으로 이야기 행동에 참여하면서 인물 역할을 구현했다:

- 세트 1: 마족의 왕국

기사왕 밥(Bob)은 그의 왕국에서 마족의 땅으로 출발한다. 그는 먼 강기슭에 사는 현명한 구세주 다윗 왕을 만나기 위해 그의 말 빌(Bill)을 탄다.

- 세트 2: 통가리로(Tongariro) 산

그가 통가리로 산에 도착했을 때 거의 해질 무렵이었고, 하늘은 매우 어둡고 폭풍우가 몰아쳤다. 바람은 그의 얼굴과 눈에 먼지를 날린다. 천둥은 그의 말 빌을 겁을 주어 절벽과 어둠 속으로 내려가는 긴 비탈에 올 때까지 달리는 것을 멈추지 않는다. 기사왕 밥은 둘 다 숨을 수 있는 동굴에 도착할 때까지 절벽 가장자리를 따라 빌을 이끌고 내려간다.

- 세트 3: 동굴

기사왕이 잠에서 깨어났을 때 그의 말 빌은 그의 등에 앉은 전사인 선구자 투푸(Tupu)와 함께 근처에 서 있다. 투푸는 "이곳은 내 동굴이다. 당신은 누구인가? 여기서 뭐하는가?"

기사왕 밥은 전사 투푸에게 자신의 임무를 알리고 그가 어떻게 동굴에 있게 되었는지 설명한다. 그는 그의 말을 돌려달라고 요구한다. 처음에 투푸는 말을 돌려주는 것을 주저하지만, 기사왕 밥은 그에게 하룻밤 동굴 사용료로 금을 후하게 지불한다. 그 후 투푸는 왕에게 매춘부 안내자 록산느(Roxanne)의 도움을 받아 산을 통과하는 길을 볼 수 있도록 제안한다. 기사왕 밥은 록산느에게 돈을 선불로 지불하고 불확실한 길로 인도된다. 결국, 그녀는 기사 왕 밥에게 강을 따라가라고 지시하고 그녀는 도망친다. 그녀가 떠나면서 혼자 웃는 소리를 들을 수 있다고 그는 생각한다.

- 세트 4: 폭포

기사왕 밥이 폭포 형태의 가파른 둑을 넘어가면 더 이상 따라갈 길이 없는 강 끝에 다다른다. 다행히도 그의 아내 샬럿 여왕은 남편이 혼자 여행하는 것을 걱정했고, 그의 충실한 두 명의 신하인 복수자 형사 팀 심스(Tim Simms)와 구조대원 대장 V를 확인하도록 보냈다. 그들은 그의 흔적을 따라 그를 따라 잡았다. 대장 V는 왕에게 임무를 알렸고, 팀 심스는 록산느가 야기한 문제에 대해 체포할 것을 제안한다. 그러나 왕은 그들이 구세주 다윗 왕을 찾는 데 집중하기를 원하므로 이 제안을 거절한다. 팀 심스는 기민한 형사 기술을 사용해 길을 찾도록 돕고 곧 강의 땅에 도착한다.

- 세트 5: 강기슭 (여관)

그들이 구세주 다윗 왕의 강기슭에 도착했을 때, 그들은 음식과 다과를 먹기 위해 여관에 들렀고, 이미 여관에 있는 안내자 록산느를 발견한다. 형사 팀 심스는 재빨리 그녀를 체포한다. 하지만 기사왕 밥은 "나에게 가져간 돈만 돌려주면 자유롭게 갈 수 있다"고 말한다. 그 가운데 일부는 이미 썼지만 나머지는 돌려준다. 그들이 여관에 앉아 식사를 하고 있을 때, 예술가인 사기꾼 잭슨(Jackson)이 와서 그들에게 노래를 들려준다. 그의 노래는 그들에게 최면을 걸고 그들은 탁자에 머리를 대고 잠이 든다. 그가 막 왕의 지갑을 빼앗으려 했으나 방구석에서 지켜보던 피해자인 작가인 살인자 크루즈(Cruise)에 의해 방해를 받는다. "가봐, 악당아! 그 지갑은 내버려둬! 네가 무슨 짓을 하는 지 알아!" 그는 소리친다.

왕과 그의 동료들은 사기꾼 잭슨이 거리로 도망치자 깨어났고, 작가 크루즈는 이야기를 전할 수 있게 되었다. 왕은 지갑에서 돈을 꺼내 크루즈에게 친절과 정직에 감사하는 편지 묶음을 건네준다. 그는 구세주인 다윗 왕을 성공적으로 찾는 데 추가적인 대가를 지불하겠다고 그에게 말한다. 크루즈는 다윗왕이 자신의 은신처에 있을 것이라고 제안하고 그 위치를 찾기 위해 출발한다. 안내자 록산느는 그가 어디에 있는지 알고 있다고 말하고 다시 선불을 요구한다. 크루즈는 최근 배신을 기억하며 왕이 준 돈 대부분을 마지못해 넘겨준다. 하지만 이번에는 그녀가 약속을 지켰다.

- 세트 6: 선박

피해자인 작가 크루즈는 아무도 그를 보지 못하도록 구세주 다윗 왕의 은신처인 선박에 조심스럽게 올라간다. 구세주인 다윗 왕은 그를 환영하고 왕이 그의 조언을 구하러 왔다는 소식을 듣고 기뻐한다. 크루즈가 왕과 그의 동료들을 숲 속 비밀 장소로 데려갈 아침에 회의가 준비된다.

- 세트 7: 숲 속 비밀 장소

구세주 다윗 왕은 특히 여성 문제에 대해 불확실할 때 가끔 상담하는 서기관인 천사 마리아와 함께 있다. 기사왕은 세 명의 구혼자가 있는 딸 아로하 공주의 문제를 설명한다. 그 가운데 한 명은 세상에서 가장 훌륭한 말들을 소유했고, 다른 한 명은 사랑에 빠졌고, 나머지 한 명은 향신료와 귀한 보석의 땅에서 1/3을 상속받을 것이라고 말한다. 기사왕은 매우 걱정스러운 듯 당혹한 기색이 역력하다.

기사왕이 탄식하며 앉아 있는 동안 구세주 다윗 왕은 잠시 생각한다. 곧 현명한 구세주 다윗 왕은 기사왕을 위한 답을 알고 미소를 지었다. 그는 기사왕이 각 왕자에게 자신의 최고 장점을 보여주고 아로하 공주가 자신을 위해 누구와 결혼할지 선택하도록 제안한다. 이는 그녀를 행복하게 할 가능성이 가장 높으며 따라서 왕국에 좋은 짝이

될 것이다. 구세주 다윗 왕은 서기관 천사 마리아에게 그 사정에 대한 그녀의 생각을 묻는다. 그녀는 샬럿 여왕도 동의할 것이라고 지지하고 있다. 왕은 대답을 듣고 안도하며 구세주 다윗 왕에게 감사를 표한다다.

기사왕은 자신이 받은 해결책이 그의 딸과 아내 모두에게 잘 받아들여질 것이며, 이는 그의 왕국을 위해 최선일 것임을 알고 있다. 그와 그의 일행은 '기마족'의 땅으로 돌아가는 긴 여행을 떠나면서 매우 행복하다.

이야기의 치료적 의미

남성들이 선택한 인물과 이야기에서 펼쳐지는 역할을 통해 집단적으로 탐색할 수 있는 권한 부여의 여러 주제가 있었다. 존경받는 왕권, 지혜와 권위, 자비, 후견인 및 부를 포함한 지역 사회에서 중요한 인물이 되는 것과 일부 남성은 정직, 악당, 성욕, 유혹, 결혼, 부모, 남성과 여성, 신성함, 선택과 결정의 자유 같은 일상적인 차원과도 연관이 있었다. 이는 장애로 인해 집단원이 일상에서 누릴 수 없었던 보편적 인간 경험의 측면이었다. 이 연극은 책임감 또는 무책임한 권력을 지닌 다양한 위치에 있는 것이 어떤 것인지 경험하고, 여러 역할의 상호작용에서 비롯된 사회적 역동을 탐구하는 기회를 제공했다.

다양한 왕국, 강, 동굴, 폭포, 숲속의 비밀 장소는 동화에 대한 원형적 참조를 담고 있다. 융(Jung, 1964)은 동화에 왕과 그를 향한 사건들이 종종 "개성화 과정의 초기 단계를 묘사한다"고 제시했다(p.167). 고전 동화에서 이는 더 상징적으로 발생한다: "괴물이 왕국의 모든 여자, 아이들, 말, 재산을 훔치거나 악마가 왕의 군대 또는 그의 배가 항로를 따라가는 것을 막는다"(p.167). 우리의 이야기는 왕이 조언을 구해야 하는 딜레마에 빠졌고, 그를 미지의 세계에 직면하게 한 매춘부 안내자 록산느에 의해 그의 계획이 좌절되었던 유사한 역경의 패턴을 더 온화한 형태로 따랐던 것 같다. 전통적으로 "왕이나 왕국의 불행을 치유할 수 있는 마법이나 부적을 발견한다"(p.167). 이는 구세주 다윗 왕을 찾기 위한 탐색과 그가 제공할 수 있는 지혜에 있었다.

이 집단은 연극 과정과 영상 결과물이 매우 만족스러웠고 이러한 접근 방식을 사용해 새로운 이야기를 만들고 싶어 했다. 개성화 개념은 '*태평양 국제 협약*' 의 다음 연극을 통해 확장되었는데, 이 연극에서 남성들은 더 큰 상징적 깊이로 발전한 것으로 보였다. 이에 자신감과 유머가 더해져 원형의 그림자 측면에 대한 관심도 높아졌다. 그들은 또한 공개 무대에서 공연한다는 목표를 달성할 수 있었다.

사례 연구: 연극 '태평양 국제 협약'

'기사왕의 딸'이라는 연극에 참여했던 남성 집단이 역할과 경험의 폭을 넓힌 새로운 연극을 만들었다. 한 명은 집단을 떠났고 다른 한 명은 새로 참여해 아홉 명의 집단을 유지했다. 다시 한 번, 남성들은 그들 선택을 돕는 시각적 이미지와 단어를 적용하여 인물을 만들기 위해 원형 카드를 사용했다. 새로운 인물이 등장하면서 자신감, 모험심, 유머감이 더 생겼다. 남성들은 이전 연극의 전개를 통해 가능성을 보았고, 역할과 사회적 역동 그리고 서사에 대한 탐색에서 더 나아가 즐기고 싶어 했다. 인류의 고귀한 면모와 함께 그림자 이면을 탐색하는 데 관심이 커지고 있음이 분명해졌다. Myss(2003)는 다음과 같이 시사했다:

> 모든 원형에는 긍정적인 측면과 함께 그림자 발현이 있다(p.5).
>
> 그들은 당신이 파괴적인 행동에 빠질 위험에 처했을 때 당신을 깨우는 수호자이자 내적 동맹자로서 적극적인 역할을 한다(p.4).
>
> 파괴적 양상의 존재를 무시하거나 부정하는 대신 인식하는 법을 배우면 이는 친구이자 조력자가 된다(p.5).

대부분 참여자는 이전 역할과 다른 역할을 시도해보고 싶어했다. 어떤 사람들은 반대 역할로 옮겨갔고 다른 사람들은 개인적인 주제에 따라 움직였다. 그들은 자신의 역할 연기를 확장하고 시험하거나, 그들 정신에서 다양한 원형적 측면을 찾고 얻기를 열망했다. 표 7.1은 두 연극에서 선택한 원형적 인물을 비교 대조한 것이다.

표 7.1 두 연극의 역할 비교

전작에서의 역할	새로운 카드 선택
서기관–천사 마리아	도둑–영웅
왕–기사 밥(Bob)	쾌락주의자–연인
매춘부–안내자(Roxanne)	선지자–사제
예술가–사기꾼(Jackson)	기사–변신술사
구조대원–동반 대장(V.)	기술자–뱀파이어
구세주–다윗 왕	아버지–왕
형사–복수자 팀 심스(Tim Simms)	해방자–판사
전사–선구자(Tupu)	사마리아인–구조대원
(새 집단원; 전작 역할 없음)	자연인 (카드 1장만)

집단의 다문화적 특성을 인식하여, 출신 국가가 각각 새로운 등장인물에 귀속될 수 있다는 아이디어가 제시되었고, 이는 해당 인물의 명명 과정과 이야기 전개에 도움을 주었다. 또한, 자신의 문화적 배경을 표현하거나 다른 문화를 탐색할 기회였다. 집단은 마오리족, 뉴질랜드 유럽인, 통가인(Tongan), 사모아족(Samoan), 니우에인(Niuean), 중국인과 같은 문화로 구성되었다. 대부분 집단원은 자신과 비슷하지만 다른 문화적 배경을 탐색하기로 선택했다. 그림 7.1–7.9는 태평양 개발 과정의 국제 협약을 보여준다. 단계는 다음과 같다:

1. 원형 카드 선택
2. 출생 국가 선택
3. 문화, 의복, 이름 조사
4. 인물의 이름 선택
5. 각 나라의 국기 배치
6. 의상은 색깔 또는 문화적 주제로 시작
7. 이야기 전개

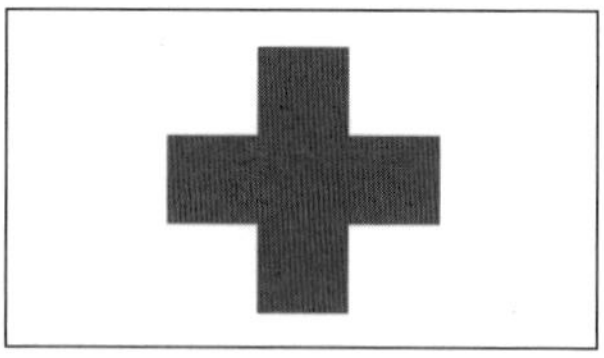

그림 7.1 투포우(Tupou) 왕, *사모아와 통가의 아버지 왕; 국민과 모든 사람을 위한 최선의 것을 원함; 의상: 통가 옷감*

그림 7.2 존 크루즈(John Cruise), *캘리포니아의 도둑 영웅; 헐리우드 스타-아프리카의 가난한 사람들에게 주기 위해 돈을 훔침; 의상: 빨강, 검정, 갈색*

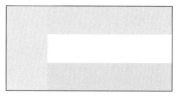

그림 7.3 술탄(Sultan), *아라비아의 쾌락주의자 애호가; "새 몇 마리"와 "파티"를 개최하고 함께 여행; 의상: 파랑*

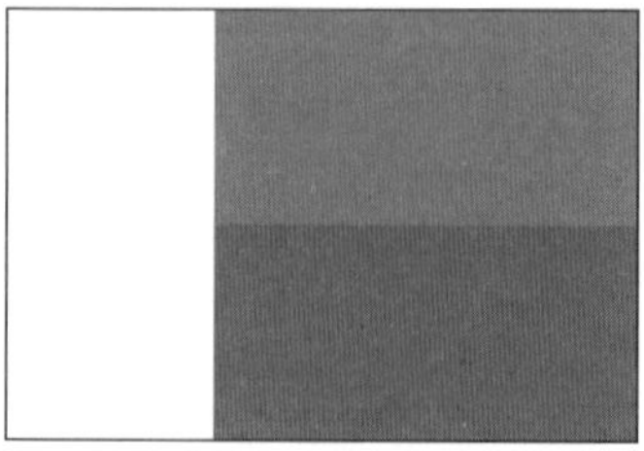

그림 7.4 아이언스타인 백작(Count Ironstein), *마다가스카르의 기술자 뱀파이어; 사람들을 공장에 가둠; 의상: 주황색*

그림 7.5 볼린(Bolyn), *호주 시드니의 해방자 판사; 비행기를 사용하여 사람들을 구출; 의상: 빨강*

그림 7.6 밤 전사 조로(Night Warrior Zorro), *뉴질랜드 오클랜드의 기사 변신술사; 밤에 마스크를 쓰면서 들키지 않고 여행; 의상: 파랑*

그림 7.7 산티노(Santino), *아르헨티나의 사마리아인 구조대원; 카우보이 밧줄과 총을 사용; 의상: 빨강, 검정, 흰색*

그림 7.8 아키키(Akiiki), *우간다의 선지자 사제; 협약을 위해 "개회 축복"을 수행; 의상: 검은색 튜닉*

그림 7.9 요리사 웡(Wong), *중국의 자연 애호가; 놀라운 음식을 요리하는 출장 요리사; 의상: 흰색 셔츠와 요리사 모자*

Bly(2002)는 다음과 같이 말했다.

> 원형 주제는 역사적으로 모든 문화에서 찾을 수 있기 때문에 보편적이다. 그러나 각 사회는 다른 방식으로 그들을 반영한다. 예를 들어, 미국인 연인은 아시아에서 묘사된 이미지보다 훨씬 더 낭만적이고 에로틱하며 이상적이다. 이에 반해 유럽인들의 정신에서 충분히 인식되고 있는 그림자는 미국인들에게 상대적으로 무시된다. 다른 문화와 달리, 우리는 내면의 어둠을 직접 들여다보는 것을 좋아하지 않는다. 대신 우리는 우리 그림자를 소설, 영화 또는 세계의 범죄 요소에 투영한다. (p.5)

그 집단의 원형적 이해관계를 통해 등장한 이야기는 미국 영화의 영향이 있었다. 아마도 그림자 역할을 우리 문화와 관련시키는 것보다 다른 문화에 투영하는 것이 더 쉬웠을 것이다. 그는 "그림자는 이야기하기 좋은 주제가 아니다. 인간은 자신의 어두운 면을 많이 말하고 싶어 한 적이 없다. 그들이 원했다면, 지금은 그림자라고 부르지 않았을 것이다."라고 말했다(Bly 2002, p.8).

문화 탐구는 인터넷 자료를 통한 심층 연구와 집단적 세계관을 확장한 상상의 세계 여행으로 이어졌다. 남성들은 그들 의상으로 전통문화 복장을 만들려고 노력했다. 깃발은 인물의 문화적 정체성을 상징하기 위해 손에 쥐거나 휠체어에 부착하는 소품이 되었다. 이는 각자가 중요한 역할과 이바지를 한다는 의식을 가지고 더 넓은 인류와 연결되어 있다는 느낌으로 확장했다.

다시 한번, 이야기는 신성한 조언자를 둔 왕을 중심으로 이루어졌다. 이번에는 여성 인물이 등장하지 않았다. 구어가 명료한 대본작가는 외부 상황을 겪으면서 다음 단계로 나아갔고, 이야기를 들려줄 배우들의 표현과 움직임은 전적으로 해설에 의존한 연극으로 제작했다. 이 연극에는 어두운 늪의 섬과 아름다운 프랜지파니(Frangipani) 섬 두 곳만이 등장했다. 이전 연극에서는 6세트가 있었다. 배우들은 자세, 몸짓, 표정, 청각적 활력에서 감지할 수 있는 구현에 더 집중할 수 있었다.

두 섬의 이야기와 투포우 왕의 협약

다음은 등장인물들이 자신의 역할을 연기하는 동안 낭독한 서술자의 요약이다:

투포우 왕은 통가와 사모아 사이의 아름다운 프랜지파니 섬에 있는 궁전에 살고 있으며, 그는 두 나라의 아버지이자 왕이다. 그는 태평양 사람들의 더 나은 삶을 만들기 위해 전 세계 지도자 회의를 소집했다. 그와 함께 손님의 도착을 기다리는 우간다의 선지자 아키키(Akiiki) 사제와 음식을 준비하는 중국의 자연 애호가 요리사 웡(Wong)이 있었다.

그들은 더 긴 경로를 이용하려는 모든 사람들에게 어두운 늪의 섬 근처에 가지 않도록 조언했다. 최근 그곳에서 이상한 일이 일어났고 사람들이 실종되었다. 이 섬은 밤새 열리는 파티로 유명하며 투포우 왕과 아키키 사제는 여행자 가운데 일부가 경고를 무시할 수 있다고 우려했다.

프랜지파니 섬을 향해 바다를 건너는 첫 번째 여행자는 어두운 늪의 섬을 비행하고 안전하게 착륙하는 시드니의 해방자 판사 볼린(Bolyn)이다. 다음은 배와 말을 타고 여행하는 아르헨티나의 사마리아인 구조대원 산티노(Santino)다. 그는 먼 길로 가라는 왕의 경고를 듣고 안전하게 협약에 참석한다. 뉴질랜드 오클랜드의 기사 변신술사인 마오리 조로(Māori Zorro)도 말을 데리고 배를 타고 여행한다. 그들은 안전하게 도착한다.

왕은 그들을 보고 매우 기뻐하고 환영하지만, 다른 여행자들이 기한을 넘기자 곧 다시 걱정된다. 아라비아의 쾌락주의자 술탄(Sultan)은 먼 길을 여행하며 그의 하렘(harem)과 함께 있다. 그는 파티를 좋아하고 어두운 늪의 섬에 대해 들어본 적이 있다. 그는 왕의 경고를 무시하기로 결정한다. 술탄은 도중에 만난 또 다른 파티 참석자인 캘리포니아의 도둑 영웅 존 크루즈(John Cruise)와 함께 배를 타고 여행을 떠난다. 그는 타니와(taniwha) 또는 로치 네스(Loch Ness) 괴물에 대한 이야기를 들었다. 그는 웃기만 했다. 하지만 그들이 더 짧은 경로를 가다가 어두운 늪의 섬에 들러 파티가 있는지 살펴보니, 곧 왕의 말이 옳았다는 것을 알게 된다!

모두에게 알려지지 않은 이 섬의 언덕 옆에는 해수면 아래로 내려가는 동굴이 있다. 동굴은 마다가스카르의 기술자 뱀파이어인 아이언스타인(Ironstein) 백작이 점령했다. 그는 인간의 피를 채취하는 그의 실험실에서 어두운 시험을 위해 그들을 포로로 잡는다.

두 여행객이 몇 시간이나 지체된 상황에서 왕은 판사 볼린, 사마리아인 카우보이 산티노, 마오리 조로와 함께 두려움을 나누고, 세 사람은 비행기를 타고 구출 작전에 나선다.

밤의 전사 마오리 조로는 그의 특별한 변신 능력을 사용해 지하 동굴 안으로 들어가 두 악당을 사슬에 묶인 감금에서 조용히 풀어준다. 그리고 나서 그는 다른 구조대원들을 위해 문을 연다. 사마리아인 카우보이 산티노는 총과 올가미를 사용하여 아이언스타인 백작을 체포하고, 볼린 판사는 수갑으로 그를 체포한다. 그들은 그가 포로들을 붙들고 있던 곳에서 그를 사슬로 묶는다. 형사는 전화를 받고 곧 그를 데려가기 위해 도착한다.

그 후 다섯 남성 모두 볼린 판사의 비행기에 올라 왕의 섬과 협약에 안전하게 도착한다. 여기에서 도둑 영웅 존 크루즈는 돈을, 아라비아의 술탄은 왕에게 사죄하는 방법으로 보석을 건네준다. 아버지 투포우 왕은 이것이 태평양에 사는 자국민을 도울 것이기 때문에 기쁘다. 그리고 이 협약은 매우 큰 성공을 거두었다.

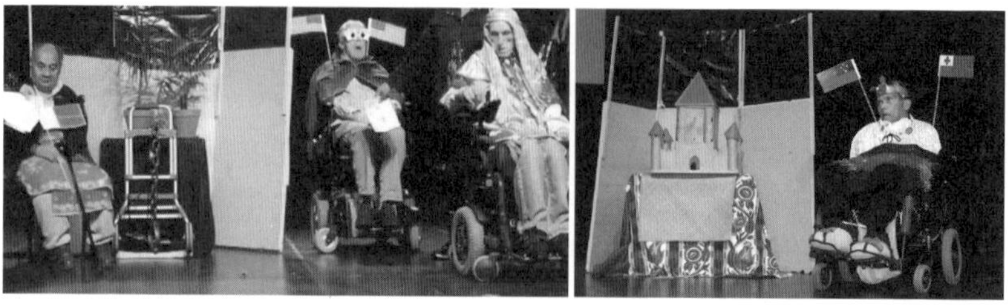

그림 7.10 *오클랜드의 인터랙트 축제에서 공연하는 배우들 (컬러 버전은 삽입 참조)*

두 번째 연극에서의 치료 전개

다시 한번, 이야기에 왕이 등장하는데 그의 왕국은 불길한 그림자 차원의 영향을 받는다. 이번에는 융(Jung, 1964)이 쓴 "괴물"(p.167)과 동등하게 묘사한 악한 목적으로 왕의 신하들을 훔치고, 계획된 행사들을 못하게 만들었다. 개별 인물 개발에서 주로 그림자에 초점을 맞춘 세 명의 악당들이 만들어졌다. 세 명의 악당들이 나타난 방식에는 무모한 방종이 앞섰고, 그들 가운데 아무도 왕의 우려에 전혀 개의치 않았다. 융(Jung, 1964)은 다음과 같이 말했다:

> 그림자는 충동적이거나 부주의한 행동으로 나타난다. 생각할 시간도 없이 악담이 튀어 나오고, 음모가 빗발치고, 잘못된 결정이 내려지고, 결코 의도하지도, 의식적으로 원하지도 않았던 결과에 직면하게 된다. (p.169)

기술자 뱀파이어는 인간성이나 어떤 결과에도 신경 쓰지 않고 사악한 시험을 하고 있었다. 쾌락주의자는 쾌락을 위해 여성들을 모았고, 술탄 지위의 허세에 흠뻑 빠져 있었으며, 도둑 영웅은 부자를 강탈하는 것을 정당화했고 포커 플레이어로도 우승했다. 술탄도 악당의 장난에 빠지게 될지는 시간이 말해줄 것 같았다.

이 경우 융이 제안한 마법이나 부적에 의한 치료는(p.167) 뉴질랜드 오클랜드 출신의 기사 변신술사인 마오리 조로를 통해 이뤄졌는데, 그는 특별한 힘을 발휘하여 포로들을 풀어주었다. 이후 풀려난 두 악당은 부정적인 그림자 행위로 수치심을 느꼈고, 그림자의 긍정적인 면(p.168), 또는 사회적으로 더 호의적 측면을 보여줌으로써 조정했다. 두 등장인물의 생활양식은 그림자가 지배적이었다는 것을 암시했고, 왕은 그가 사랑하는 백성의 삶을 향상시키기 위해 그들이 바친 선물의 기원을 기꺼이 간과했다. 이는 그의 빛 속성의 그림자였다.

빛 속성이 지배하는 세 명의 주최 제공자, 그림자 속성이 지배하는 세 명의 악당, 빛과 그림자 사이에 살았을 가능성이 있는 세 명의 구조대원 등 속임수와 총, 그리고 물리적 접근을 통해 출연진들 사이에 흥미로운 균형이 만들어졌다. 그 이야기는 사람들이 그림자에 의해 채색된 빛의 속성과 함께, 흑백보다는 회색의 색조를 띤다는 무언의 이해에 도달했다.

결론

예술적 치료과정에서 성숙도 향상을 포함한 여러 단계에서 이점이 뚜렷했는데, 이는 융이 제시한 왕의 원형적 역할과 개성화와 관련이 있었다. 두 번째 연극에서 극작가들의 장난기 증가는 과정에 대한 높은 수준의 자신감과 지휘력으로 나타났고, 장애도 기술을 배우고 극적 의미를 창출하는 데 장벽이 되지 않는다는 것을 보여주었다. 인터렉트 축제 무대에서 공연 했을 때 성취감은 집단이 일상생활에서 거의 경험하지 못한 의미와 가치를 확인했던 것이기 때문에 이루 헤아릴 수 없었다. 이 집단은 다음 장에서 소개된 바와 같이 연극과 음악에 접근하는 다른 방법들을 계속 탐색했다.

CHAPTER 8

음악

키워드: 신화, *테 와레 타파 화*(*Te Whare Tapa Whā*), 녹음된 음악, 타악기, 변형, 은유, 기억

장애인에게 치료 기회를 제공하는 데 있어, 음악은 처음부터 조용히 무대에 스며들었으며, 유기적으로 성장해 통합의 핵심 구성 요소가 되었다. 이를 통해 음악 연대의 상당한 이점을 확인할 수 있었다. 음악의 원동력과 내담자 집단을 위한 고유한 영혼의 연결 없이는 통합 예술치료의 성공을 상상하기 어려울 것이다.

치료적 차원의 서비스로서 음악 발전은 여기서 검토된다. 그리고 변형적인 방식으로 예기치 않게 전면에 나올 수 있는 음악의 역량을 탐구한 두 가지 사례 연구가 제공된다. 두 사례 연구는 치료 과정에서 음악이 어떻게 길을 안내할 수 있는지에 대해 상당히 다른 관점을 제공한다.

음악은 그 자체로 원형으로 인식되어 왔으며, '마오리 신의 목소리'에서 타악기는 연극 과정에서 새로운 방식으로 신화에 생명을 불어넣었다. '노랑새'(Yellow Bird)는 집단 과정에서 이 곡이 생겨난 방식을 탐구하며 은유와 의미를 제공한다.

기본 양식으로서 음악의 도래

음악은 개인 미술치료로 시작한 재활 맥락에서 소개된 두 번째 양식이었다. 때때로 누군가 관심을 보인 회기에서는 음악이 활용되었다. 기본 양식으로

서 음악에 대한 주목은 서비스 사용자와 직원이 크리스마스 합창단에 참여할 기회를 제공받았을 때 단순하게 시작하였다. 몇 주 뒤 합창단은 행사에서 공연을 했고, 장기적으로 음악 치료의 한 형태로 그것을 발전시키는 데 관심이 있었다. 매주 합창단이 제안되었다. 참여자들은 모두 고양되고 보편적인 호소력이 있어야 한다는 기준에 맞는 곡을 선택했다. 이것이 노래의 집단 곡목 개발의 시작이었다. 영감을 주는 합창단은 기타로 곡을 연주하고 유튜브를 통해 녹음된 예술가들과 함께 노래하는 주간 집단으로 설립하였다.

타악기는 음악적 치료의 가능성을 넓히기 위해 도입하였다. 이 악기들은 회기 시작 시, 서로의 소리와 리듬에 맞춰 조율하면서 자기 반영과 소개의 의미를 제공했으며, 노래를 부르는 동안에는 음악적 연대의 한 형태였다. 기타, 우쿨렐레, 키보드 등을 포함한 다른 악기도 일부 집단원에게 즉흥 연주의 정규 방식으로 선택되었다.

음악 치료의 한 형태로서 합창단에 대한 연구는 그 당시 제한적으로 보였다. 그러나 참여자들이 그들에게 여운과 기억을 담고 있는 특정 노래에 참여하는 방식을 통해 그 이점은 분명했다. 이전에는 대부분 말을 하지 않던 사람들이 기쁨의 표정과 눈물, 즉흥적인 노래의 격발이 있었다. 이와는 별도로 오클랜드 대학교는 파킨슨병에 걸렸거나 뇌졸중에서 회복 중인 사람들을 위한 참여의 이점에 대한 연구를 진행하면서 셀레브라티온(CeleBRation)이라는 유사한 합창단을 시작했다(Buetow et al. 2014). 뇌성마비, 다른 형태의 뇌 손상 및 다양한 장애를 가진 사람들을 위한 우리 합창단의 접근에 유사점이 있었다. 이러한 지지는 합창단을 치료의 한 형태로 제공하는 우리 입장과 자신감을 강화했다.

파킨슨병 환자들을 위한 합창단의 이점을 설명하면서 Buetow 등(2014)은 다음을 제안했다:

> 삶의 질은 사람들이 연결할 수 있는 리듬, 조화, 멜로디, 가사와 같은 노래의 음악적 특성을 포함하는 변수 간의 상호 작용에 따라 달라진다. 결국 상황에 맞는 사회적 과정은 참여자들을 합창단의 다른 사람들과 연결시켜 음악을 지역사회로 파급하고, 그 지역사회를 다시 불러오는 방식이다. (p.431)

진행 상황을 기록하기 위해 예술치료 5-핵심 스타 평가 및 자가 평가를 사용할 때(2장 참조), 광범위한 영역에서 지체장애인들에게 유사한 결과의 징후가 나타났다. 그것은 초창기 크리스마스 합창단의 한 측면이었던 공연에 대한 강력한 목표가 남아 있었고, 우리는 공동체를 만드는 데 중점을 두었다. 청중은 증인이자 참여자로서 초청되었으며, 출연자들과 함께 노래하는 선도자 역할을 맡았다. 공개 행사에서는 소외되고, 경시되고, 인정받지 못하는 역할에서 문화적으로 풍요로운 경험을 제공하는 사람으로 인정받고, 축하받는 역할로 중요한 변화가 있었다. 더 넓은 지역사회에 가치 있는 기여자로서 검증이 되었다.

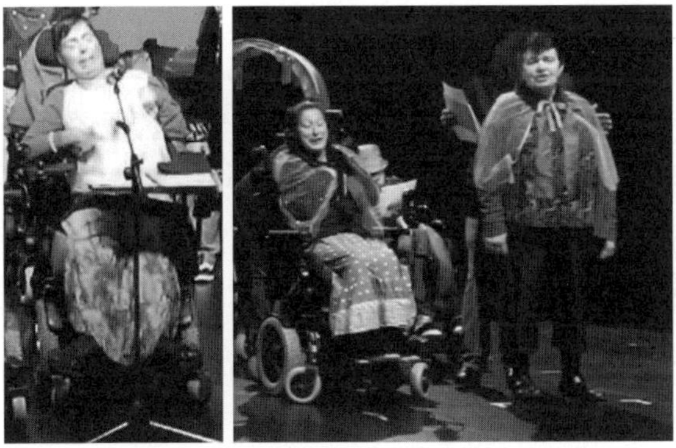

그림 8.1 *인터렉트 축제 무대에서의 노래*

두 번째 집단인 타악기와 목소리가 결성되었다. 이는 매우 높은 요구(VHN) 상태를 가지고 있고 기성 합창단의 오후 시간이 어렵다고 생각하는 사람들에게 더 적합한 시간에 기회를 제공했다. 이 집단은 주로 악기를 들고 사용하는 데 지원 직원 도움이 필요했다. 그러나 작은 종소리나 봉고를 가볍게 두드리는 소리만으로도 엄청난 성취감과 음악적 즐거움을 얻을 수 있었다. 마찬가지로 발음이 어려운 사람들을 위해 노래에 맞춰 선율적인 발성을 만들 수 있다는 점도 큰 만족감을 주었다. 심각한 지체 장애인들도 다양한 수준에서 참여할 수 있었다:

- 소리의 진동에 몰입해 정서적으로 연결되며 "정서의 일부"를 느낀다.
- 정서적 연결과 영혼을 표현하는 발성을 만든다.

- '순간의 감정'을 표현한 악기를 선택하여 리듬을 만든다.
- 노래, 악기, 소리 선택을 통해 개성과 정체성을 드러낼 수 있다.
- 노래를 통해 집단으로부터 출신 문화를 인정받고 명예를 얻는다. 그리고 '고향'과 다시 연결할 수 있다.

Swallow(2002)는 다음과 같이 음악의 원형적 특성을 지적했다:

> 음악, 노래, 춤은 어쩌면 의사소통 수단으로 언어보다 먼저 나타났을지도 모른다. 많은 동물이 음악적 말을 한다. 다양한 소통을 위해 새는 노래에 타고난 능력을 가지고 있지만 그들 음악은 환경적 요인과 연습에 의해 다듬어진다. 진화는 인간이 음악을 처리하는 능력을 물려받았다는 것을 암시할 것이다. 이는 역사를 통틀어 모든 사회에서 중요해졌다. (pp.41-42)

음악 치료는 아마도 가능성의 깊이와 광범위성 때문에 예술치료에서 고도의 전문화된 분야로 발전해 왔을 것이다(Bunt and Hoskyns 2002; Bruscia 1991; Campbell 1992; Lem 1993; Nordoff and Robbins 1971). 노르도프(Nordoff)와 로빈스(Robbins)가 제안한 것처럼 "음악은 하나의 세계다. 우리 모두는 그 세계에서 자신만의 경험을 가지고 있다. 청취자, 학생, 연주자, 작곡가 및 치료사를 위한 음악적 경험에는 끝없는 깊이와 무한한 다양성과 양상이 있다."(p.141).

통합 예술치료 집단의 음악

서비스가 통합 집단으로 확장되면서 대부분 집단에서 음악은 기본 양식이 되었다. 어떤 광장에서는 음악이 초점이었고, 다른 광장에서는 보이지 않는 강이 흐르는 다른 방식의 창의적 표현을 주도했다. 음악은 문화 간의 다리 역할을 하고, 말이 없는 곳을 연결하며, 지역사회에서 단결을 만들었다. 접근 방식의 범위는 다음을 포함하는 확장목록으로 늘어났다:

- 드럼 및 타악기 집단
- 라이브 앰프(amped) 기타로 합창
- 악기를 연주하면서 녹음된 음악 또는 기타에 맞춰 합창

- 개인 통합 회기에서 악기와 발성을 사용한 독주회
- 그림, 표현 동작 및 심상 안내에 따라 음악에 반응하기
- 연극 분위기를 조성하고 인물을 명확하게 표현하는 악기 소리
- 은유로서의 노래

Bunt와 Hoskyns(2002)는 "음악 치료 실천을 뒷받침할 수 있는 6가지 접근법에 초점을 맞춘 음악 치료 스펙트럼"을 공식화했다. 즉 생리적, 발달적, 지지적, 정신 역동적, 인본주의적, 자아 초월적 접근이다(p.44). 이러한 초점은 인본주의적 초점이 일차적으로 사용되는 전체 범위의 예술치료 양식으로 확장할 수 있다.

인본주의적 접근은 전체론적이며 개인의 사회적 상황과 환경, 그리고 지금 여기(here and now)와 자기 성장에 대한 현상학적 개념을 포함하는 전인(全人)적 개념이 특징이다. 인본주의적 접근은 잠재력과 개인의 필요에 부응함으로써 절충적인 방식이다(Bunt and Hoskyns 2002, p.44).

인본주의적 초점은 1982년 메이슨 두리(Mason Durie)가 개발하고 뉴질랜드 보건부가 채택한 마오리 건강 모델인 *테 와레 타파 화(Te Whare Tapa Whā)*와 일치했다. 테 와레 타파 화는 *와레누이(wharenui)* 집회소의 틀 안에서 네 가지 측면을 개념화한 전인적 접근법이었다. 이러한 측면은 *와이라*〈*(wairua)* 정신〉, *티나나*〈*(tinana)* 신체〉, *히넨가로*〈*(hinengaro)* 정신〉 및 와나우〈*(whanau)* 가족〉였다(Durie 2001; Manaia 2017, pp.38–39).

공개 행사가 하이라이트인 반면, 매주/격주 집단에는 창의적 자기탐색, 정신역동과정, 자신감과 기술 구축, 그리고 사회 발전의 비공개 육성 공간이 포함되었다. 집단 활동의 즉흥성에서 음악이 예상외로 추진력 있는 강물처럼 앞으로 나아가는 곳이 되었다. 두 가지 사례 연구가 여기에 제시되어 있다:

- "마오리 신의 목소리"에서는 마오리 신화가 원형 탐구의 초점이고 악기가 신의 목소리가 되었던 연극 전개에 음악이 등장했다.
- "노랑새"에서, 음악은 개인 개발 환경 내에서 창조적 집단 사고 과정을 돕기 위한 은유로서 앞질러 나아갔다. 누군가 마음속에 조용히 떠

> 올라 집단 토론에 끌어들인 곡이었다. 그때 그 곡은 다시 살기 위해 보관된 은신처에서 꺼내달라고 요청했다. 그리고 다시 한번 사랑받고 몇 번이고 또 사랑받는다.

이 두 가지 서로 다른 사건에서, 음악은 고유한 힘을 가진 언어로 등장했으며 "합당하게 장엄한" 해결책을 제공했다.

사례 연구: 마오리 신들의 목소리

Bunt와 Hoskyns(2002)는 다음을 개념화했다. "음악 치료의 본질적인 '자아(I)'는 상상력, 직관력, 즉흥성 그리고 지성을 연습한다. 모든 작업 환경에서 이러한 과정의 생생한 특성을 인식하는 것이 중요하다고 생각한다"(p.45). 연극과 음악을 통합해 집단에 적절한 개입을 제공하기 위해 집단 내 네 개의 "자아"를 활용하여 사회적 통합의 지점에 도달하고 만족감과 치료 효과를 가져다주는 소리들에 초점을 맞췄다.

이 집단은 다양한 지역의 지원 주택에 사는 남성들이 정기적으로 함께 친목할 수 있는 기회를 제공하면서 선호하는 예술치료 방식에 참여할 수 있는 기회를 제공하기 위해 설립되었다. 격주로 2시간씩 진행하는 회기는 다음의 네 가지로 구성하였다: "만나서 인사"; 녹음된 음악/기타 및 타악기와 노래; "국제 점심식사 공유"; "연극 및 소품 제작".

다문화 집단은 일곱 명의 남성으로 구성되었는데, 이들 모두 언어 사용 능력이 제한적이거나 언어장애가 있는 것으로 간주되었다. 그러나 일부는 전곡 가사를 부를 수 있었다. Schlaug 등(2008)은 뇌 기능의 두 가지 다른 신경 경로가 언어가 손상된 곳에서 노래하는 능력을 설명할 수 있으며, 속도와 리듬과 같은 요인도 노래 부르는 능력에 이바지할 수 있다고 주장했다. 그 남성들은 독립적으로 악기를 연주하는 다양한 수준의 신체 능력을 보여주었다. 지원 직원들은 참여자가 선택한 악기에 신체적으로 몰입할 수 있도록 돕는 결정적인 역할을 했고, 노래에도 이바지했다.

비록 녹음된 음악은 워밍업으로 즐겼지만, 라이브 앰프 기타와 노래에서는 더 큰 참여와 연대, 그리고 연결이 분명히 있었다. 각각 남성들은 특정한 노래가 울려 퍼질 때, 그의 기억과 아마도 자신의 울림으로, 깊은 정서적 교감의 순간을 보여주었다. "신체가 음악에 그렇게 결정적으로 반응할 수 있다면, 그것은 어떤 의미에서 음악임에 틀림없을 것이다"(Campbell 1992, p.60). 노래는 회기의 활기찬 시작이 되었고, 때때로 기쁨, 향수와 해방감의 눈물이 있었다.

그들 가운데 일부는 타악기로 리듬을 만들 수 있다는 점에서 해방감과 기쁨을 발견하기도 했다. 어떤 사람들에게는, 작은 소리를 독립적으로 만드는 능력조차도 상당한 성취감을 가져다 줄 수 있다. 드럼과 타악기를 통해 만들어지는 집단적 소리에도 즐거움과 치료적 효과가 있었다. Aluede와 Aiwuyo(2002)는 "전통적인 아프리카 치유 환경에서, 음악은 할례(割禮)와 정형외과(뼈 고정) 의식에 명백히 나타나듯이 치료적으로 예상되는 고통을 줄이는 데 사용된다. [연구 결과] 짧은 드럼 세션이 스트레스를 극적으로 감소시키는 알파 파동을 두 배로 증가시킬 수 있음을 밝혔다."라고 말했다(p.173).

다문화 집단은 뉴질랜드 유럽인 세 명, 태평양 제도 두 명, 마오리인 한 명, 아시아인 한 명으로 구성되었다. 남성 가운데 다섯 명은 뇌성 마비나 퇴행성 건강 장애로 휠체어를 탔으며 두 명은 지원 직원이 밀어주는 수동 의자, 세 명은 독립적인 이동을 위해 머리 또는 손으로 제어할 수 있는 전동 의자를 사용했다. 남성 가운데 두 명은 뇌졸중으로 인한 부분마비 후 지팡이를 짚고 걸을 수 있었고, 다른 한 명은 시각장애인으로 발달장애가 있어 지속적인 관리가 필요했다. 연령대는 35세에서 65세 사이였으며 모든 남성이 참여하기 위해서는 약간의 지원이 필요했다.

표 8.1은 음악적 접근과 관련하여 개인의 도전, 능력 및 관심을 요약한 것이다.

표 8.1 참여자의 음악적 능력 및 관심사

참여자 코드	노래/음악 참여 능력 및 관심
A	심각한 언어장애로, 일부 노래만 따라 부를 수 있고 타악기와 다른 악기를 독립적으로 사용할 수 있으며, 특히 스틱을 사용하여 드럼 비트를 만드는 것을 즐겼다.

(계속)

참여자 코드	노래/음악 참여 능력 및 관심
B	심각한 언어장애로, 좋아하는 노래에 선율 있는 노래 소리를 제공했고, 도움을 받아 타악기를 즐겨 사용했다.
C	언어장애로, 때로는 흥분, 행복 또는 분노의 큰 목소리를 표현하고, 접근 가능한 방식의 위치에서 짧은 시간동안 독립적으로 키보드 음을 연주할 수 있다. 또 작은 타악기 일부를 잡고 움직일 수 있다.
D	영어가 외국어로, 좋아하는 노래의 모든 가사를 들리도록 부를 수 있고, 대화에서 언어를 사용하지 않으며, 작은 악기를 잡고 도움을 받아 움직일 수 있다.
E	영어가 외국어로, 단어와 구절을 구사할 수 있지만 거의 하지 않았고, 좋아하는 노래를 따라 부르거나 도움을 받아 악기를 잡고 연주하는 것을 즐겼다.
F	언어장애로 음악에 비범한 재능과 완벽한 리듬의 큰 북을 사용하여 통솔하고 치료사가 음을 연주하는 동안 기타를 위한 스트럼을 즉흥적으로 연주할 수 있다. 또 키보드와 구강 오르간으로 알려진 곡을 연주할 수 있고 노래의 곡목을 부를 수 있다.
G	최소한의 영어 이해와 중국어만 사용했으며, 독립적으로 악기를 사용할 수 있고 드러머가 되는 것을 즐겼다.

마오리족 창조 이야기에서, 70명 군중 속에 일곱 명의 형제가 있었는데, 그들은 각각 다른 지배권 신이었고 특별한 힘을 소유했다.
마오리 전설: 역사 속 뉴질랜드(2004)는 이 이야기를 다음과 같이 소개했다:

> 태초에 하늘도, 바다도, 땅도, 신도 없었다. 오직 어둠만이 있었고, *테코레(Te Kore)*, 무(無)만이 있었다. 이 무에서 마오리의 시조인 대지의 어머니 *파파투아누쿠(Papatuanuku)*와 하늘의 아버지 *랑기누이(Ranginui)*가 탄생했다.
>
> *파파투아누쿠*와 *랑기누이*는 어둠을 안고 함께 모여 70명의 남아를 낳았다. 이 자손은 마오리의 신이 되었다. 그러나 *파파투아누쿠*와 *랑기누이*의 아이들은 부모 품에 안긴 채 영원한 어둠 속에 갇혀 있었고 빛을 보고 싶어 했다. 결국 부모는 헤어지기로 하고, 무엇을 해야 할지 결정하기 위한 회의를 가졌다.
>
> 그들은 오랫동안 고민했다. 아버지 랑기누이를 죽여야 하는가? 아니면 강

제로 헤어질 것인가?

그 후 일어난 사건은 부모 이별과 반신반인 성장으로 자신의 능력을 활용할 수 있는 빛의 테 아오 마라마(te ao marama) 출현을 중심으로 원활했다.

그 집단 남성들은 7명의 반신반인 형제애가 그들 수에 적합하다는 것을 알았고, 특별한 힘의 개념을 탐구하는 데 열심이었다. 그들은 또한 마오리 문화 교류를 통해 집단적으로 뉴질랜드의 정체성을 강화할 수 있는 기회를 환영했다. 선호하는 인물 배역을 놓고 협상이 쉽게 이뤄져 전체 캐스팅이 이뤄졌다.

이어진 회기에서는 해설자와 함께 이야기가 진행되었고, 한 때 친숙했던 배우들은 각자 연극 의상실에서 다채로운 의상과 소품을 선택하여 그의 인물에 더욱 생기를 불어 넣었다. 그러나 각자 악기를 골라 '신들의 목소리'를 만들어내기 전까지는 이야기가 시사하는 극의 높은 수준이 계속 부족했다.

표 8.2는 참여자의 역할과 악기 선택을 보여준다.

표 8.2 참여자의 역할 및 도구 선택

참여자 코드	이야기 속 인물 역할	신의 목소리를 위한 악기
A	*투마타우엔가(Tūmatauenga)* 전쟁, 사냥, 어업, 농업의 신	큰 봉고 드럼으로 크게 쿵쿵거리는 전투 알림 소리
B	*루아우모코(Ruaumoko)* 지진과 화산과 계절의 신	큰 심벌즈와 파괴의 큰 전투 외침
C	*타네마후타(Tānemahuta)* 숲과 새의 신	숲새들의 지저귐을 만든 땡땡이 소리
D	*하우마이티케티케 (Haumaitiketike)* 야생 식물의 신	꼬투리 속의 씨앗으로 이뤄진 유기 딸랑이를 통한 자연의 부드러운 소리
E	*롱고마타네(Rongomatane)* 평화와 재배 식물의 신	나무 사이로 바람의 평화로운 소리를 만드는 차임벨
F	*타휘리마테아(Tāwhirimātea)* 날씨와 폭풍의 신	드럼 케이스 안의 금속 구슬에서 나는 큰 윙윙거리는 소리
G	*탕가로아(Tangaroa)* 바다의 신	파도의 리듬을 만든 드럼용 탬버린

악기는 뮤지컬 소리를 통해 연극을 신들의 대화로 발전시켰고, 이는 이야기가 되었다. 그들은 의상을 입고 둥글게 원을 그리며 만났고, 개인적이며 집단적인 반신반인의 타악기 목소리를 통해 소통했다. 마침내 이야기의 극적인 잠재력에 도달할 때까지 등장인물의 존재감, 감수성, 주의력 그리고 구현이 있었다.

뮤지컬 연극의 피날레(finale)는 합이 부분보다 더 큰 통합의 의미로 게슈탈트(gestalt)의 이해가 있었다. 마오리족의 중요한 문화 이야기를 통해 본질적인 역할을 수행함으로써 남성들 사이에 강한 자부심을 갖게 되었다. 또한 사회적 통합의 관점에서 전체성이 있었다. 음악은 창조적인 치료 과정에서 궁극적인 변형의 매개체라는 것이 입증되었다.

사례 연구: '노랑새'

Plato in Cameron(1997)은 "음악은 영혼의 가장 깊은 곳까지 닿아 상상력을 발휘할 수 있는 능력을 가지고 있다"(p.161)고 말했다. 더욱이, 우리는 여백 안에서 우리 삶의 영혼이 깃든 시간들의 음악을 기억의 깊숙한 곳에 가지고 다닌다. 한 사람에게 노래는 장소, 사람, 시대, 사건들에 대한 무수한 의미와 연결고리를 전달할 수 있다. 그리고 집단의 경우 이러한 요인의 다양성을 전할 수 있다. 노래는 언제 어디서나 다시 살아날 수 있다. 이는 무의식의 원형적 심오함에서 비롯된 의미의 층을 가진 은유 역할을 할 수 있다.

파워포인트 발표로 준비하던 연구과제 마지막 단계에서 4인 1조로 구성된 집단이 휠체어를 탄 채 탁자에 둘러앉아 있었다. 그들 모두 뇌성마비를 앓았고, 이는 각기 다른 어려움을 제공했다. 하지만, 그들은 효과적인 장애인식 발표자와 옹호자가 되기 위해 앞으로 나아갈 방법을 찾았다. 이 연구는 재택 지원을 개선하기 위해 직원 교육에 어떻게 이바지할 수 있는지에 중점을 두었다. 이는 사회적 변화를 가져올 수 있는 권한 있는 지도자의 개념을 전달할 것이다. 그들은 프로그램의 이름을 찾으면, 새로운 지도력 기술 프로그램에 대한 제안에 기여하도록 요청받았다.

색상과 상징물들은 영감에 사용되었으며, 그 내용은 컴퓨터에 기록되어 대형 디지털 벽 화면에 표시되었다. 통신기를 사용하던 한 여성은 자신이 기여하고 싶은 생각이 있다고 말했다. 메시지에는 '노랑새'라고 쓰여 있었다. 그녀는 웃으며 고개를 끄덕이고 한쪽으로 기울였다. 그녀의 눈에 담긴 표정은 "노란색"과 "새"라는 두 단어 이상의 의미가 있음을 시사했다.

"노랑새!" 이는 말소리를 음성 기호로 표기하는 동안 큰 소리로 말했다.

"아, 알겠습니다!" 다른 집단원 중 한 명이 말했다. "노래인가?" "네, 네!" 고개를 끄덕이며 그녀의 들뜬 소리가 함께했다. 그녀가 제안한 의미가 실현되기 시작했기 때문이다.

그 노래가 어떻게 들릴지 각자 자신만의 기억을 갖고 있었기 때문에, 갑자기 그 방 주위에서 즉흥적인 노래와 흥얼거리는 소리가 났다.

"노랑새... 음, 음, 음..."

"노랑새... 딧, 딧, 딧...."

노래 가사가 방 주위를 맴돌았을 때, 누군가가 창가에 앉아 그리운 듯 바깥 정원을 바라보는 모습을 쉽게 상상할 수 있었다. 여기서 그들은 나무에서 관찰자 자신의 상황을 반영한 듯 홀로인 또는 버려진 것처럼 보이는 화려한 새 한 마리를 보았다. 반면에, 그 새는 날아갈 수 있었지만, 그들 자신의 경험은 덫에 걸린 느낌 같았다.

유튜브를 통해 조사한 결과, 이 노래에는 다양한 표현과 버전이 있었으며 일부는 언어가 현대화된 것으로 나타났다. 가장 최근 버전에는 가사 표시가 포함되었다(Genius 2012). 여기에는 1950년대 작성된 잘 알려진 초기 버전의 2절은 집단이 가지고 있던 개념을 완전히 표현하는 데 중요한 단어를 포함하지 않았다.

이 노래는 지도력을 어떻게 표현했는가? 비록 그 곡조가 매우 경쾌하고 흥겨웠지만, 가사는 무력한 위치에 있는 고립감, 외로움, 버려짐과 목적의식의 결핍을 말했다. 이것이 집단원들이 장애를 안고 성장하면서 그들 위치를 경험한 방식이었다. 하지만, "노랑새"는 날 수 있고, 권한 있는 선택을 할 수 있으며, 행운으로 여겨졌다. 이는 그들 집단 이야기의 새로운 부분이 되었다. 지도력 훈련의 잠재력과, 왜 '노랑새'라는 단어가 지도력 집단에 어울리는 호칭으로 울려 퍼진 이유가 여기에 있었다.

이 노래의 기원에 대한 추가 연구를 통해 "노랑새"는 Oswald Durand (1883)의 시 "슈쿤"(Choucoune)에 바탕을 두고 있다는 것이 밝혀졌다. 1893년 미셸 말레아 몽통(Michel Mauléart Monton)은 아이티(Haittian) 크리올(Creole) 언어로 쓰인 이 시를 위해 음악을 작곡했다(Wikipedia 2018).

음악은 가수와 음악가의 오랜 역사를 가진 노래 형태로 영감의 회기를 차지했다. 집단에게 있어 '노랑새' 노래를 부르고 탐구에 대한 참여는 개개인에게 적용되는 더 깊은 의미로 인정받으면서 변형적 차원을 가졌다. 그 후 그 노래는 합창단으로 옮겨져 그곳에서 즐겁게 공유하고 더 깊이 탐색했다. 1800년대 작곡된 원형적 성격의 노래는 200년 이상 지난 후 놀라운 은유적 의미를 제공했다. "노랑새"를 듣고 노래할 때 매력은 무엇이었는가? 최종 분석에서, 집단원들은 "행복하니까!"라고 답했다. "더 행복하고, 더 강하고, 더 희망적이다."

결론

음악은 세계의 모든 다른 문화에 본질적이며 따라서 원형적이다. 소리의 진동에 즐겁게 몰입하고, 정서적 연결을 경험하고, 감정 상태를 변화시키고, 더 큰 무언가의 일부가 되고, 신체적으로 참여하고, 영혼, 성격, 정체성을 표현하고, 추억과 "고향"으로 연결되는 등 다양한 수준의 사람들을 참여시키는 능력을 가지고 있다. 음악은 장애인 참여자들에게 풍요로움을 가져다주는 일종의 치료 음식이 되었고, 통합 예술치료를 제공하는 데 필수적인 측면임이 입증되었다. 사례 연구는 음악이 고유한 생명력을 가지고 있으며 놀랍고 치료적으로도 중요한 방식으로 과정을 변형시키고 확장하기 위한 다양한 형태에 도달할 수 있다는 것을 증명했다.

CHAPTER 9

다학제 팀 내 수퍼비전 모델

키워드: 상징, 4요소, 7-초점, 개성, 갈등, 창의적 대응

이 장에서는 사례 대본을 통해 제시되는 두 가지 수퍼비전(supervision) 모델을 제공한다. "상징의 7-초점 스냅샷(snapshots)"는 지역 및 국제대학 인턴에게 내부 수퍼비전을 제공하는 성공적인 수단으로서, 호킨스와 쇼헷(Hawkins and Shohet)의 7가지 방식(2012, p.89-111) 수퍼비전 모델과 함께 작업할 때 상징의 사용을 보여준다. 민과 제이슨(Min and Jason)의 사례 대본은 유사한 문제를 제기한 여러 인턴들의 복합체다. "4가지 요소를 사용한 갈등 해결"은 Combs(2004)의 흙, 물, 불, 공기의 원형 모델을 활용하여 갈등을 해결하는 대안적 방법을 제시한다. 여기에서 셰이, 안드레아, 리프(Shay, Andrea and Leaf)는 실제 수퍼비전 모델을 설명하기 위해 만들어진 인물이며 수퍼바이저(supervisor), 수퍼바이지(supervisee), 실무자 역할에 대한 경험을 기반으로 한다. 그들은 또한 합성물이며 특정 인물을 반영하지 않는다. 두 모델 모두 다학제 팀(Multidisciplinary Team: MDT) 맥락에서 발생할 수 있는 문제와 관련된 경우에 적용되었다. Moon(2002)은 다음과 같이 말했다.

> 개인 치료와 지속적인 수퍼비전은 상담사와 치료사에게 책임 있는 전문적인 관행으로 간주된다. 예술 치료사에게 독학의 수단으로 예술 제작에 참여하는 것은 전문성 개발의 필수 요소다. 예술 제작은 수퍼비전의 필수적인 측면일수 있다. (pp.58-59)

다학제적 건강 맥락에서, 내부 수퍼바이지는 각 조직 고유의 일반적인 형식을 사용하여 팀 장/수퍼바이저와 팀 구성원/수퍼바이지 간에 이루어졌다. 목적은 팀원이 조직 문화와 구조 내에서 그들 기술을 개발하고 실천 안에서 번창하도록 육성하는 것이었다. 예술 제작을 포함하는 수퍼비전의 개념은 다학제 팀 건강 맥락과는 이질적인 개념이었다. 인턴을 수용한 통합 예술치료에서, 수퍼비전의 예술 제작은 포함시킬 필요가 있었고, 독학과 전문적 성장 수단으로서 모든 범위의 창의적 양식을 포함하도록 확장하였다. 예술치료사로 외부 수퍼비전에 참석함에 있어 성찰 과정을 알리는 수단으로 창의적 접근과 연결하는 것 또한 중요했다. 두 모델을 통한 수퍼비전 접근법은 이러한 특정 상황에서 탄생하고 제기되었으며 다른 여러 맥락에서 유용할 것이다.

상징의 7-초점 스냅샷

통합 예술치료는 인턴과 학생 자원봉사자가 현장에서 실질적 경험을 쌓을 수 있는 기회를 제공했다. 이는 할당된 자금보다 더 높은 수준의 인력을 제공했으며, 일반적으로 지체장애인들이 집단에 완전히 참여할 수 있도록 지원했다. Lister 등(2011)은 몬트리올(Montreal) 시설을 설명하면서 다음과 같이 말했다:

> 본 센터는 자존감, 사회적 기술 및 의사소통 능력을 개발하고 향상시키는 것을 목표로 미술, 연극, 음악 및 무용/동작 치료를 제공했다(p.34). 미술치료와 연극치료 학생들은 센터에서 실습 경험을 쌓았고, 다른 대학 학과의 자원 봉사자들과 함께 센터의 원활한 운영을 보장했다(p.35).

인턴 수퍼바이지는 지정된 수퍼바이저 회기를 통해 협동으로 이루어졌다. 수퍼바이저가 외부에 있고 두 사람이 직장 관계가 아닌 상황과 비교할 때 수퍼바이저/수퍼바이지 관계가 기능하는 방식에는 복잡성이 있었다. 자기성찰과 새로운 성장이 양성될 수 있는 수퍼비전 회기의 성역을 제공하는 효과적인 수단 마련이 중요했다. 상징은 회기 동안 수퍼바이저가 다양한 양식을 활용할 수 있는 잠재력과 함께 공간으로 빠르고 효과적인 전환 수단으로 활용되었다.

Eberhart(2017)는 "직관적이고 개방적인 존재"와 "반복적인 호기심"(p.99)이라는 용어를 제공했다. 수퍼비전에서, 이러한 자질들은 다음과 같은 주요 질문을 반영하기 위해 상징을 사용하는 공유 의식으로 결합함으로써 발전시킬 수 있다:

- 지금 내 기분은 어떻고 이를 가장 잘 나타내는 상징은 무엇인가?
- 내담자를 대표하려면 어떤 상징을 선택해야 하는가?
- 조직을 대표하려면 어떤 상징을 선택해야 하는가?

상징과 함께 창의적이고 유쾌한 접근을 통해 개방적이고 정직한 상호 공유가 발생할 것이다. 그 공간은 자기 탐색이 안전하게 이뤄질 수 있는 장소로 자리 잡았다. 그러면 그 관계는 수퍼바이저에서 수퍼바이지를 위한 공간을 가지는 것으로 성공적으로 전환될 수 있다.

Hawkins와 Shohet(2012)는 건강 및 사회 복지 서비스에서 인정된 수퍼비전 모델을 제공했으며, 이 모델에서 창의적 치료와 관련된 실천 방식을 개발하였고 이를 통해 상징 과정이 확립되었다.

수퍼비전 회기(pp.89–111)에서 균형을 제공하고 창의적 예술치료에 효과적으로 적용할 수 있는 7가지 초점 또는 방식이 제안된다:

1. 내담자에 대한 인식: 치료 목표, 출석, 약속
2. 수퍼바이지가 시행한 접근법: 진행 상황, 직면 과제, 추가 전략 계획
3. 내담자와 수퍼바이지 관계 이해: 반응, 역동, 병행 과정
4. 수퍼바이지의 흥미와 관심사: 전문적 진보, 성장 촉진, 개인적 및 직업적 참살이 창출
5. 수퍼비전 관계에 대한 인식: 신뢰, 역할, 경계
6. 수퍼바이저가 수퍼비전에서 자신의 과정 인지: 전이와 역전이, 조정, 차이

7. 조직 및 더 넓은 맥락에 대한 인식: 실천 모델, 정책, 자금 조달 계약, 다학제적 협력

Hawkins와 Shohet(2012)는 다음과 같이 말했다:

> 내담자와 심층 작업에 대한 훌륭한 수퍼비전은 7가지 과정 모두를 포함해야 한다. 그럼에도 모든 회기에서 반드시 필요한 것은 아니지만 일부 수퍼바이저는 한 가지 방식만 사용하는 데 익숙해져 있다. 따라서, 이 모델을 사용한 훈련의 일부는 수퍼바이저가 통합된 주의력 균형을 개발하도록 돕는 것이다. (p.106)

상징과 7가지 초점을 사용한 사례 대본

대본 1: 내담자와 수퍼바이지

민(Min)은 재활병원에서 6주 동안 인턴으로 일했다. 졸업과 동시에 그녀는 지체장애가 발생할 가능성이 높은 전쟁으로 폐허가 된 국가의 젊은이들과 함께 일하기를 희망했다. 수퍼비전을 준비하면서 자신의 성과에 대한 확신이 서지 않았다. 그녀는 예상치 못한 개인적인 문제를 겪었고, 이는 그녀의 실습에 영향을 미쳤을지도 모른다.

그녀의 수퍼바이저가 그들 둘 다 상징 수집품에서 선택하고 창의적인 접근법(방식5: 수퍼비전 관계)을 사용해 동료로서 성찰하는 시간을 갖자고 제안했을 때 안도했다.

- 지금 내 기분은 어떻고 이를 가장 잘 나타내는 상징(방식4: 수퍼바이지, 방식5: 수퍼비전 관계, 방식6: 수퍼바이저 자신의 과정)은 무엇인가?

민은 그녀 자신감에 영향을 준 사생활에 대한 불확실성을 경험했다는 내용의 노란색 대형 주사위를 선택했다. 그녀의 수퍼바이저는 보고 마감일 압박을 나타내는 분홍색 시계를 선택한 후, 계속하기 전에 그들 모두 잠시 숨을 고르면서 집중할 것을 제안했다. 민은 그녀의 수퍼바이저도 어려움을 겪었다는 사실을 알았을 때 마음이 한결 편안해졌고, 호흡에 집중할수록 자신감은 높아졌다.

- 내담자를 대표하려면 어떤 상징을 선택해야 하는가(방식1: 내담자)?

민은 무엇이든 될 수 있는 가능성으로 가득 찬 플라스틱 별을 선보였다. 각각의 내담자 역시 이미 스타였고, 그녀는 그들이 알기를 원했다. 그녀의 수퍼바이저는 각 참여자가 전체의 한 부분이 된다는 의미에서, 집단의 단합과 변형의 순간을 상징하는 다면적 은빛 공을 선택했다. 민은 그들 각자가 제공한 것에 대한 평등함을 느꼈고, 이는 그녀를 격려했으며, 걱정은 사라졌다.

- 조직을 대표하려면 어떤 상징(방식7: 더 넓은 작업 맥락)을 선택해야 하는가?

민은 아마로 짠 가방을 선택했고, 여전히 그 가방 안에 무엇이 있는지, 매일 새로운 것을 꺼내며 배운다고 말했다. 왜냐하면, 그녀는 아직 모르는 것이 많아 부족하다고 느꼈기 때문이다. 그녀의 수퍼바이저는 코끼리를 선택했다. 그 이유는 때때로 그녀가 조직 체계에 짓밟힐까 두려웠기 때문이다. 그녀는 코끼리 등에 타는 것을 기억할 필요가 있었다.

수퍼바이저의 솔직함은 민에게 네 번째 상징인 상어를 자발적으로 선택할 수 있는 용기를 주었다(방식4: 수퍼바이지). 그녀는 마치 상어가 나타나 자신의 계획을 망친 것처럼 개인적인 좌절을 경험했다. 이로 인해 그녀는 내담자 개별 회기에서 어려움을 겪었다.

- 내담자(방식1: 내담자)에 무슨 일이 일어났는가?

내담자는 작품을 만들고 있다가 화가 났고, 민은 그의 언어장애와 감정 상태 때문에 그가 그녀에게 말하려던 것을 이해하기 어려웠다. 그는 자신을 분노와 무력감을 느끼게 했던 오해의 경험을 설명하기 위해 철자표를 사용할 만큼 침착했다. 민은 '상어 잡아먹기' 계획을 통해 자신의 무력감에 압도되었다. 그녀는 내담자를 어떻게 도와야 할지 확신이 서지 않았다. 그러나 그는 그녀에게 대화를 통해 기분이 훨씬 나아졌으며, 다음 회기에서 그림을 완성할 계획이라고 말했다. 민은 용기 내어 수퍼바이저에게 그가 자신을 시험하고 있는지 궁금했다고 말했다(방식3: 내담자/수퍼바이지 관계).

민은 자신의 반응과 함께 내담자 문제를 탐구하기 위해 무용 동작의 기본 양식으로 이동했다. 수퍼바이저는 그녀의 춤이 힘이 없고 막힌 느낌에서 시작되어 확장, 리듬, 흐름으로 나아가는 것을 목격했다. 수퍼바이저는 자신이 목격한 감정적, 신체적 반응에 세심한 주의를 기울였다(방식6: 수퍼바이저 자신의 과정). 수퍼바이저는 민이 회기에 도착했을 때 그녀가 회피하는 것처럼 보였다고 생각했다. 그리고 이는 수퍼바이저가 무력감과 어쩌면 비교 문화적으로 자신의 깊이에서 벗어날 수 있다는 두려움도 경험했다고 반영했다. 상징 작업이 회기에 에너지와 흐름을 가져왔을 때 안도감을 주었다(방식5: 수퍼비전 관계).

- 내담자와 다음 회기를 위해 어떤 가능성이 있는가? (방식2: 수퍼바이지의 전략 및 개입)

민은 영감 과정의 일환으로 추가 상징을 선택했고 그녀가 "내담자에게 시험받고 있다"(방식3: 내담자/수퍼바이지 관계)는 느낌을 넘어서기 위해 무엇을 할 수 있는지에 대해 논의했다. 민은 자주적으로 무용에서 더 나아가 작업하겠다고 말했다. 그리고 내담자와 다음 회기를 앞두고 그녀의 자신감이 회복되었다.

민의 사례 대본은 상징의 사용이 어떻게 수퍼바이저와 수퍼바이지 모두를 예술치료 양식이 기본이 되는 창의적 공간으로 이동시켰는지를 보여준다. 핵심 질문은 Hawkins와 Shohet(2012)의 7가지 초점의 자발적인 발생을 가져왔다. 지배적인 초점은 내담자와 수퍼바이지와 관련이 있었다.

대본 2: 더 넓은 맥락

제이슨(Jason)은 4년제 학위과정 3년차였고, 재활병원에서 몇 달 동안 인턴 생활을 했는데, 그 기간 동안 예술치료의 기본 양식에서 숙련도를 발전시킬 것으로 기대되었다. 그는 다양한 집단을 돕고 있었고 그것을 즐기고 있었다. 그러나 그의 지도교수는 이제 그가 조직과 초기 합의와는 다른 방향으로 나아갈 필요가 있다고 제안했다. 제이슨은 해외에서 일하기 위해 상당한 투자를 했고, 그가 무엇을 가장 잘할 수 있을지 혼란스러웠다. 그가 수퍼바이저에게 도착했을 때, 수퍼바이저는 양가감정과 허탈감을 감지했다. 수퍼바이저는 내담자와 함께 사용했던 상징들을 그에게 소개하고, 내담자들이 회기에 창의적으로 접근할 것을 제안했다. 그는 처음에는 주저했지만, 수퍼바이저가 그 과정에 참여할 것이라는 것을 알았을 때 동의했다.

- 지금 내 기분은 어떻고 이를 가장 잘 나타내는 상징(방식4: 수퍼바이저, 방식5: 수퍼비전 관계, 방식6: 수퍼바이저 자신의 과정)은 무엇인가?

그의 수퍼바이저는 불확실하고 탐구하는 마음을 가질 필요가 있음을 나타내기 위해 졸업식 곰인형을 선택하여 어색한 분위기를 깼다. 제이슨은 호랑이와 말 한 마리씩을 골라 두 동물이 서로 마주보게 배치했다. 그는 마치 자신이 다른 방향으로 끌려가는 것처럼 느꼈다고 말했다.

- 내담자를 대표하려면 어떤 상징(방식1: 내담자)을 선택해야 하는가?

그의 수퍼바이저는 계속 주도하여 그 과정을 모델링했다. 수퍼바이저는 가운데 나사를 풀면 그 안에 다른 작은 인형들이 나타나는 인형을 선택했다. 그녀는 이것이 각각 사람들이 연령대에 따라 어떻게 다양한 자기(self)를 가지는지 상기시켰다고 말했다. 제이슨은 밀랍 사과, 왕관, 인형 의자, 보물 상자, 해적 모자 등 다양한 물건을 집어 원형으로 배열했다. 수퍼바이저는 그가 순간적으로 활기를 띠자 그의 에너지 변화를 알아차렸다. 제이슨은 한숨을 쉬며 집단원과 함께 작업하는 것과 집단원이 서로 다른 기여를 하는 방식이 정말 즐거웠다고 말했다.

- 조직을 대표하려면 어떤 상징(방식7: 더 넓은 작업장 맥락)을 선택해야 하는가?

수퍼바이저는 제이슨에게 먼저 공을 선택할 것을 제안했고, 제이슨은 뾰족한 공과 부드러운 공 두 개를 잡아 나란히 놓았다. 이는 그가 현재 서로 다른 것을 원하는 두 조직에 관여하고 있다는 설명을 나타냈다. 수퍼바이저는 그가 도착했을 때 가졌던 긴장감이 그의 얼굴로 돌아온 것을 알아챘다. 그녀는 경첩이 달린 뚜껑의 상자를 선택했는데, 그 뚜껑이 구조물과 격납고를 나타낸다고 적혀 있었다. 그리고 그녀는 뚜껑을 들어 올리면서, 유연성도 있다고 말했다. 잠시 뒤, 그녀는 두 공의 의미에 대한 호기심을 표현했다.

제이슨은 그의 대학이 그가 자신의 기본 방식에 더 집중할 필요가 있으며, 개인 사례를 크게 늘리기를 원했다고 설명했다. 하지만, 그는 재활치료실에 온 이후로, 그가 집단과 작업하는 것을 얼마나 즐겼는지 깨달았다고 말했다. 그의 대학은 그가 집단과 함께 공동 촉진자로 활동하는 데 동의했었다. 그러나 실습 3개월 후, 그들은 새로운 요구 사항을 다시 전달했다.

그의 수퍼바이저는 그가 그 상황에서 가질 수 있는 다양한 선택권을 나타내기 위해 추가 상징을 선택하도록 제안했다. 이렇게 함으로써 그는 세 가지 가능성에 도달했다. 거기에는 통합 집단 참여를 위한 대학과 재협상, 새로운 업무 정착을 위한 수퍼바이저의 도움 요청, 그리고 실습 완료를 위한 다른 조직의 발견이 있었다. 그는 처음 두 가지 선택을 동시에 사용하기로 결정했고, 수퍼바이저는 서비스 내에서 그의 대학 요구 사항을 충족하는 데 도움을 줄 수 있는 기회를 찾기로 동의했다. 한편, 재활치료실은 집단과 실습을 위해 주로 자금을 지원받았다고 진술했다.

제이슨은 문제 해결과 선택지 논의에 대해 권한을 부여받았다고 느끼며 회기를 종료했다. 그 결과 제이슨의 대학교는 통합 집단 작업이 그의 예술치료 실습의 질을 높일 수 있다는 것을 인식하게 되었다. 그리고 예술이 기본 양식이 되는 한, 그의 주요 실습이 집단 작업의 형태를 취할 수 있다는 데 동의했다. 수퍼바이저는 제이슨의 훈련 수준과 기술의 혜택을 받을 사람들을 위해 다학제 팀(MDT)에서 개인 예술치료를 위한 의뢰를 요청했다. 그는 자신의 실습을 성공적으로 마치기 위해 집단을 이끌었고, 다른 통합 집단도 계속해서 도왔다.

질문 기법과 상징을 사용해 제이슨은 방식7(더 넓은 맥락)과 관련해 발생한 중요한 문제를 명확히 할 수 있었다. 또한 방식1(내담자)을 탐색함으로써, 실행 계획을 세울 때 이를 고려할 수 있도록 자신의 관심사가 어디에 있는지를 동시에 분명히 했다. 수퍼바이저는 제이슨의 수퍼비전 요구(방식4: 수퍼바이지)를 촉진하고 이러한 요구(방식5: 수퍼비전 관계)를 해결하는 방법으로 상징을 사용할 수 있었다. 그녀는 회기 내내 제이슨의 기분 상태에 대한 자신의 반응을 알고 있었고, 이는 주어진 방향을 알려주는 데 도움이 되었다(방식6: 수퍼바이저 자신의 과정).

민과 제이슨의 사례 대본에서, 핵심 질문과 함께 상징을 사용하는 것의 효과는 Hawkins와 Shohet 모델(2012, pp.89-111)의 7가지 초점과 실제와 일치하는 예술치료 양식으로 자연스럽게 진입점을 제공했다. 이는 수퍼비전 영역에 긍정적이고, 장난기 많은, 상호작용의 역동성을 가져왔다. 또한 자기 탐색, 창의적 실험 및 협력적인 문제 해결에 필요한 안전성과 안식처를 제공했다. 건강 부문 요건과 관련한 승인된 틀을 활용했으며, 동시에 미래의 등

록된 실무자가 될 사람들을 위한 수퍼비전 관행의 핵심 부분으로 창조적 양식을 확립했다.

4가지 요소를 활용한 갈등 해결

다학제 팀(MDT)은 예술치료사에게 중요한 도전 과제를 제공하는 것으로 인식되었다. 그들은 때때로 예술치료사가 자신의 역할을 완전히 확립하는 것이 어렵다는 것을 알게 되었다. 또한 다른 집단원의 접근 방식 및 가치관과 관련하여 타협할 수 없는 차이가 있다는 느낌이 자주 있었다.

Miller(2016)는 다음과 같이 말했다:

> 집단 내 문제는 실질적인 문제 접근부터 논의하기 어려운 심층적인 문제까지 다양할 수 있다. 예술치료사는 예술치료를 위한 존중된 공간을 찾고 확립하는 데 어려움을 겪을 수 있다. (p.31)

Harvey 등(2016)은 다학제 팀(MDT) 동료들 사이에서 야기된 긴장감은 "의료 관련 서비스와 창의적 예술치료에 내재된 서로 다른 가치와 관련되었을 수 있다"고 제안했다(p.138).

Combs(2004)는 흙, 물, 공기, 불(그림 9.1에 예술적으로 표현됨)의 4가지 원형 요소를 통해 "갈등을 자신 있게 극복하고 지속적인 윈-윈 해결책을 찾는 방법에 대한 다문화 지침"(p.xxiv)을 제공했다. Macauley(2010)는 "융은 네 가지 요소를 원형으로 정의했다. 이는 개인 삶에 대한 집단 무의식이 강력하게 존재하는 방식으로 한 민족의 경험에서 나오는 사상 또는 사고의 형태다."라고 말했다(p.66). 콤스는 갈등 유발과 조직의 균형을 제공할 수 있는 각 요소에 성격 특성을 부여했다. 각 당사자에게 활성화된 지배적 요소를 인식하고 이해함으로써 갈등 상황을 협상하고 해결할 수 있다. 이는 효과적인 수퍼비전 방법의 기초를 제공했다.

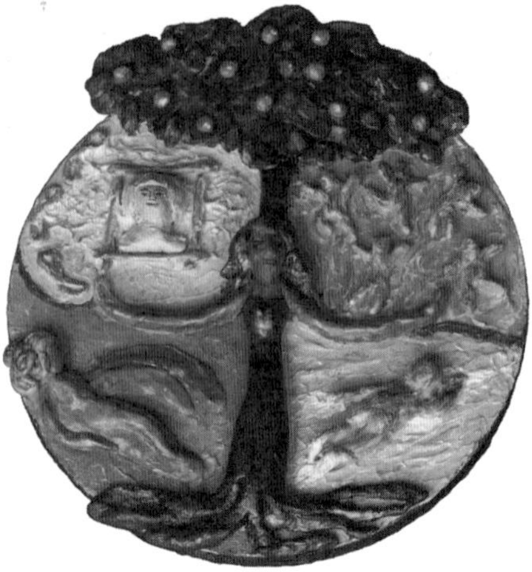

그림 9.1 *4개의 원형 요소 고정 (컬러 버전은 삽입 참조)*

심리학자이자 예술치료사인 Levey(2018)는 오클랜드 프린지스 예술 축제(Auckland Fringes Art Festival, 2009)에서 표현 무용 동작의 체험 활동을 제공했다. 이곳에서 흙, 물, 공기, 불의 영상 투영에 대한 반응을 요청했다. 이는 참여자들에게 개인적 성찰과 통찰로 이어졌다. 그리고 원형이 치료 예술 기반 과정에서 효과적으로 활용될 수 있음을 보여주었다. 수퍼비전에서, 수퍼바이저는 유연한 6단계 과정을 통해 자신이 선택한 방식/매체에 응답하도록 권장되었다. 지정된 단계는 회기에서 또는 추후 논의를 위해 독립적으로 진행될 수 있다:

1. 표 9.1에 제시된 4가지 요소와 주요 특성(Combs 2004)을 반영한다.
2. 선호하는 양식 내에서 각각에 대한 창의적 반응을 만들어 각 요소가 내부 수준에서 어떻게 존재하는지 알아본다.
3. 갈등 상황에서 자신의 지배적인 원형 요소를 파악한다.
4. 갈등 상황에서 다른 당사자의 지배적인 원형 요소를 파악한다.
5. 새로운 통찰력을 고려하여 더욱 창의적인 대응을 한다. 이는 앞으로 나아 갈 방향을 명확하게 한다.
6. 수퍼바이저와 함께 성찰하는 과정에 참여한다.

표 9.1 4가지 요소의 특성 및 속성(Combs, 2004) 수정

흙 ("현재 상황 유지")	물 ("갈등 적응 및 도피")	불 ("명분을 위해 무한한 투쟁")	공기 ("객관적, 합리적, 침착한")
물리적 연결	정서적 영역	영성과 창의성	지적, 이성적 사고방식
신체와 오감	민감함, 개인적 해석	상상력	구조화된 체계 사용: 법, 심리학, 수학
관찰자, 주의사항과 상세내역	공감과 부드러움	더 큰 그림의 사상가들	공감이 부족할 수 있음
합리적으로 편안하게	타인의 감정 수용	고정되기를 꺼림	날카롭고 빠르게 말할 수 있음
인내심과 부지런함	유연하고 혼돈에 편안함	열광적이고 열정적	갈등은 먼저 말하고 생각은 나중에 할 수 있음
위기에 침착하고 흔들리지 않음	흐름에 순응할 수 있음	생각의 인정 필요	활발한 토론을 좋아함
변화에 대한 거부감	갈등은 우울증을 유발할 수 있음	격렬하고 흥미진진한 전투를 즐김	복잡한 상황을 적용 가능한 틀에 맞춤
문제를 거부하여 과정을 방해함	갈등을 피하기 위해 관계를 벗어남	좌절된 폭언은 타인을 자극할 수 있음	명확하게 표현해서 의견을 제시할 용의가 있음
원한을 품음	타인의 감정을 상하게 하는 것에 대한 두려움	실패한 프로젝트에 활력을 불어넣음	탁월한 의사소통 능력 및 문제 해결사
집단 또는 조직 육성과 기반	집단의 정서적 건강	집단과 그 미래의 깊은 관심	

4가지 원형 요소를 활용한 사례 대본

대본 1: 다학제 팀(MDT) 설정 내 사례 검토

예술치료사인 쉐이(Shay)는 보건 영역에서 다학제 팀(MDT)과 함께 1년 동안 근무했다. 더 넓은 팀은 사람중심계획(PCP) 사례 검토에 참여하기 위해 매달 만났고, 그녀가 사례를 발표할 차례였다. 그녀 의뢰인 안드레아(Andrea)는 하반신 마비와 경미한 언어장애가 있어서, 몇몇 단어들의 언어적 표현이 불분명했다. 예술치료 과정을 통해 안드레아는 자신에 대한 새로운 발견을 했다. 그리고 삶의 전망에 대한 자신감을 얻었으며 직업 목표에 도달했다.

쉐이는 개발 중인 다학제 팀(MDT) 지원 계획에 대한 기대와 함께 사례 검토에 안드레아를 초대했다. 하지만 간호사인 임상 팀장은 안드레아가 올해 초 설정한 목표에 대해 작업을 막 시작했으며, 새로운 목표를 고려하기 전에 이 목표를 완료해야 한다고 말했다. 또한, 그녀는 긍정적인 일상을 막 시작했다. 그리고 이는 그녀의 참살이에 중요했다. 작업 치료사는 안드레아 목표가 그녀 기능적 능력 밖에 있을 수 있다고 제안했다. 먼저 기본적인 기능적 기술을 익힐 필요가 있었다.

회의에 함께 있었던 직속 관리자 지원으로, 쉐이는 안드레아가 계획이 필요한 새로운 야심찬 목표인 취업을 향한 길을 탐험하고 싶다고 거듭 강조했다. 그 후, 팀은 안드레아의 발전을 축하했고, 목표 계획을 업데이트 하였다. 그리고 필요한 단계를 논의하기 위한 추가 회의가 예정되어 있었다. 안드레아는 결과에 만족하는 것 같았다. 하지만, 쉐이는 실망했다. 그녀가 회의에 참석할 때마다 계획을 방해하는 장애물이 있는 것 같았다.

쉐이는 이를 임상 수퍼바이저에게 가져갔다. 그리고 그는 그녀가 갈등 해결을 촉진할 수 있는 다른 시각과 감정적 분리를 얻기 위해 기본적인 원형 접근을 사용할 것을 제안했다. 쉐이는 표 9.1에 표시된 네 가지 원형 요소의 개요를 읽었다. 수퍼바이저는 그녀가 선호하는 양식의 각각 요소에 창의적으로 반응할 것을 제안했다. 그리고, 그녀는 연극 치료로 응답했다. 그녀는 각각 원형에 대해 순차적으로 성격을 잡았다. 팀원들의 메아리를 듣기 시작했다. 20년 넘게 현장에서 일해 온 작업치료사는 기존 규범에서 벗어난 어떤 종류의 변화도 거부하는 듯했다. 그녀는 종종 '시도되고 신뢰받는 방법'(흙)을 언급하며 새로운 생각을 접하는 것을 꺼리는 듯 보였다. 임상 팀장은 여러 녹음 체계를 업데이트하는 데 중요한 역할을 했다. 이러한 방식으로 진보하긴 했지만 항상 확립된 틀(공기)을 통해 접근하는 것을 좋아했다. 그녀는 또한 안드레아가 '큰 그림을 생각하는 사람'이라고 보았다. 한 가지 생각을 제시한 다음 다른 생각으로 넘어가는 경향이 있었기 때문이다. 특히, 그녀 장애로 인해 실질적인 도움(불) 없이는 결과를 나타내기 어려운 경우가 많았다.

쉐이는 또한 상상력과 큰 그림을 생각하는 사람을 통해 자신이 안드레아와 가장 잘 어울린다는 것을 알아챘다. 동시에, 그녀는 때때로 물과 같았고, 흘러가고 싶어 했으며, 입장을 취하기보다 다양한 상황에 적응했다. 그녀는 훈련을 통해 틀(공기)의 가치를 인식하게 되었다. 또한 그녀 자신을 잘 유지하고, 대상(흙)에 뛰어드는 경향을 참으려고 노력했다.

안드레아는 예술치료 효과를 통해, 자신의 목표를 향한 동기부여가 되었다. 그녀는 잠재적 성취감을 가져올 수 있는 새로운 포부적 목표에 도달했다. 쉐이는 예정된 회의에서 실질적 지지자가 되어야 했다. 그 이유는 다른 팀원들에게 수퍼바이저와 함께 역할 수행했던 원형적 관심사를 바탕으로 필요한 확신을 제공해야 했기 때문이다. 그녀 사고와 통찰력의 변화는 갈등 상황에서 다른 사람들 우려를 인식할 수 있게 해주었다. 그리고 그녀는 회의에서 효과적이고 자신감 있는 협상가가 되었으며 다학제 팀(MDT)의 역동성에 덜 영향을 받았다.

대본 2: 주거 환경을 위한 휴대전화 서비스

리프(Leaf)는 주거 환경에 거주하는 장애인을 위한 휴대전화 서비스를 제공하기로 계약했다. 각 거주지에는 24시간 지원이 필요한 6-10명을 수용할 수 있는 전용 주택 2-3채가 있었다. 비록 주거 형태는 평지로 정해져 있었지만, 그 집에 누가 거주할지 결정은 건강 위탁 절차를 통해 이루어졌다. 이는 어디서 누구와 함께 살 것인가에 대한 선택이 외부적으로 부과된다는 것을 의미했다. 새로운 역할을 시작하면서, 리프는 예술치료 집단의 긍정적인 환경 형성에 영향을 미치는 생활환경 내 높은 수준의 갈등을 발견했다.

여기서 그들은 네 가지 요소(흙, 물, 불, 공기)에 대한 창의적 원형 접근법을 탐구할 수 있다는 의견이 제기되었다. 리프는 이러한 우려 사항을 수퍼비전으로 가져갔다. 표 9.1을 읽은 후, 리프는 이 접근법이 자신과 내담자 모두에게 더 나은 이해를 제공할 잠재력이 있다는 것을 알 수 있었다. 그리고 그는 창의적 과정을 통한 탐색을 위해 이 접근법을 취할 것을 제안했다. 다음 수퍼비전 회기에서 리프는 주거 환경에서 원형이 어떻게 반영되었는지 관찰한 내용을 바탕으로 일련의 시를 가지고 돌아왔다.

머물고 싶었던 사람

그들이 내게 집을 바꾸고 싶은지 묻는 것이 세 번째다.
나는 더 큰 방을 얻을 수 있었다.
그들은 그것이 더 나을 것이라고 말한다.
하지만 내가 왜 집을 바꾸길 원하겠는가?
이것이 내가 아는 것이다.
이 사람들은 내가 아는 사람들이다.
고장 난 게 아니라면 왜 고치는가? **흙…**

도망치고 싶었던 사람

당신이 누군가를 제대로 알게 되고,
그들이 마침내 당신을 알게 될 때,
다른 직업을 갖거나,
결혼을 하거나,
해외로 나가든지.
그들이 떠난다는 게 마음이 아프지만,
아무도 네 감정을 신경 쓰지 않는 것 같다. **물...**

바퀴에 연기 나는 날개가 달린 페가수스(Pegasus) 의자가 있던 사람

내 의자는 팽이처럼 회전하고 바람처럼 속도를 낼 수 있다.
무모하다는 평판을 얻을 수 있고,
자신을 위험하게 만든다.
또한, 보행자와 자동차에게도.
다른 상황에서는,
나는 조종사나 항공기 기술자였을지도 모른다.
안 돼, 기다려!
지구를 뒤돌아보는 우주 비행사. **불…**

제도 개선에 도움을 준 사람
내내 룸메이트는 너무 변덕스럽다.
왜 그들은 변화가 삶의 일부라는 사실을 그냥 받아들일 수 없는가?
사람들은 오고 간다.
하지만 제도가 구축되어 있고 효과가 있다.
좋다.
왜냐하면 나는 지금 자원봉사 조언자로 제도를 만드는 데 이바지하고 있기 때문이다.
공기…

리프는 수퍼바이저에게 네 가지 원형을 주거 환경에 있는 사람들에게 소개하고 창의적 반응을 할 수 있도록 제안했다. 수퍼바이저는 이를 지원했다. 그들이 선택한 원형에 대한 개별 반응을 포함하는 개입이 개발되었다. 그 다음, 공동으로 전시할 수 있는 집단 작품을 만들었다. 요소 원형은 해결 중심의 창의성을 가져왔다. 그리고 외부 틀을 통해 갈등을 볼 수 있는 수단을 제공했다. 거주자들은 지원 직원 개입으로 서로 함께 참여할 수 있었다. 이를 통해 주거 환경에서 더 나은 관계를 향한 여정을 시작했고 다학제 팀(MDT)에서 새로운 대화를 열었다. 리프의 집단은 창조적 안전지대가 되었다. 그리고 사람들은 매주 그들 방문과 창조적 기회를 고대했다. Moon(2002)은 다음과 같이 제시했다.

> 내담자 대부분의 어려움은 자신, 타인, 문화, 환경과 관계에서 발생하므로, 치료가 도움이 되려면 본질적으로 관계적이고 맥락적이어야 한다. 실천적이고 철학적인 관점에서 예술치료가 세상과 도피처가 아닌 세상과 연결을 유지하는 것이 중요하다. (p.75)

리프는 원형 과정이 일상 환경에서 효과적인 예술치료 공간을 촉진한다는 것을 발견했다. Knill(2017b)은 "모든 예술 창작은 일상적인 현실과 구별되는 상상의 공간이 필요하다. 그러나 그것은 여전히 같은 세계의 일부다."라고 말했다. 비록 틀 작업, 재료와 구조물에 의해 부과되는 제약이 있었다. 하지만 "이러한 도전은 일반적인 것 이상으로 상상을 초월하는 것"으로 역할 범위를 늘리는 개막식과 같았다(p.213). 리프는 먼저 그들 자신을 위해 수퍼비전을 하고, 그 다음 주거 환경에서 기본 원형 틀을 사용해 함께 작업하였다. 이로써 리프는 더 나은 생활환경을 향한 과정을 촉매하는 "상상을 초월한" 결과를 가져올 수 있었다.

쉐이와 리프의 사례 대본은 건강 및 장애 분야에서 일반적으로 발생했던 두 가지 다른 갈등 상황을 탐구했다. 쉐이는 내담자와 진행을 잠재적으로 방해할 수 있는 다학제 팀(MDT) 내에서 갈등을 겪었고, 리피는 응집력 있는 예술치료 집단 환경의 구축을 방해하는 주거 환경에서 갈등에 직면했다. Combs(2004)를 기반한 요소 원형 모델은 수퍼비전을 통해 도입되었다. 그리고 그들이 선호하는 창의적 실천 도구를 활용할 수 있는 틀을 제공하여 관점과 능력의 긍정적인 변화를 촉진했다. 이는 다학제 팀(MDT) 설정에 차례로 영향을 주어 지체장애인들에게 더 나은 정보를 제공하는 환경으로 이어졌다.

결론

수퍼비전은 건강 분야의 다학제 팀(MDT) 내에서 일하는 데 필수적 측면이며 예술치료사 역할의 중요한 방향이 될 수 있다. 제공된 수퍼비전은 다양한 요구와 상황을 효과적으로 충족시키고 창의적 예술 양식인 우리의 실천 도구를 반영할 필요가 있다. Hawkins와 Shohet(2012) 그리고 Combs(2004)의 수퍼비전 모델은 원형을 통해 접근하고 선택한 창의적 도구를 사용할 수 있는 두 가지 상당히 다른 틀을 제공했다. 그들은 모두 무의식 과정을 통해 해결책을 제시하고, 수퍼바이저가 지원적이고 협력적인 입장을 취하는 유희적 상호 접근법을 장려했다. 이는 원형적 창의성의 영역에 효과적으로 진입하고 긍정적인 결과에 도달하는 수단으로 제공되었다.

CHAPTER 10

결론

7년 동안 장애인들을 위한 통합 예술치료의 원형적 접근 방식은 성장과 긍정적인 변화를 촉진했다. 이는 상상의 영역으로 들어가는 효과적인 지점을 제공하는 것으로 인정되었다. 원형은 원형 카드, 상징, 신화 이야기 형태로 제공했다. 또한 원형적 접근이 제시되는 치료 과정에 대한 반응을 통해 계획하지 않은 형태로도 발생했다. 이것은 고대 문명과 상징을 포함한 원형으로 인식되는 다양한 범위의 접근에 참여하도록 이끌었다.

만다라와 다른 상징물들을 통해 집단 무의식, 개성화, 아니무스, 자기(self) 표현에 대한 융의 사상을 숙고할 이유가 있었다. 원형적 접근은 신체적 기동성과 언어적 의사소통이 제한된 곳에서 특히 중요한 것으로 입증되었다. 반면 상상력은 광범위하고 해방의 형태를 제공했다. 치료에서 의미 만들기는 참여자들의 권리와 능력 범위 내에서 열렸다. 개인 및 집단 회기에서는 미술, 무용, 연극, 음악의 창작 방식에서 원형 사용을 통한 무의식과 참여가 있었다. 이는 측정 가능한 개인 목표와 관련된 치료 결과를 가져왔다.

예술치료는 다학제적 환경에서 이루어졌고 이것이 제공되는 방식에 강한 공동체 의식을 가졌다. 이니셔티브(Initiatives)는 지원되었으며 때로는 경영진 수준에서 더 광범위한 팀의 도움을 받도록 반영했다. 예술치료 집단의 성공은 지원 직원, 인턴, 자원 봉사자를 포함한 추가 지원에 달려 있었다. 이는 통합 예술치료 접근 방식과 연계된 효과적인 수퍼비전 방법의 필요성으로 이어졌으며, 그 예들을 포함했다.

예술치료사 역할은 영감을 주는 사람들의 창의적인 여정과 이야기를 나눌 수 있는 특권을 가진 동반자 중 하나였다. 이 책은 참여자들의 관대함과 온전함을 인정받고 다른 사람들의 삶에 변화를 주고자 하는 그들 열망으로 저술했다.

참고문헌

Aluede, C. and Aiwuyo, V. (2002) "Ethnomusicologists and Medical Practitioners in Healthcare Delivery in Nigeria." In G. Emeagwali and E. Shizha (eds) *African Indigenous Knowledge and Sciences: Journeys into the Past and Present.* Rotterdam: Sense Publishers.

Arrien, A. (1992) *Signs of Life: The Five Universal Shapes and How to Use Them.* New York: Tarcher/Putnam.

Baum, F. (2016) *The New Public Health.* Melbourne: Oxford University Press.

Bly, R. (2002) "Three Views of the Shadow." In M.R. Waldman (ed.) *Shadow: Searching for the Hidden Self. Archetypes of the Collective Unconscious, 1; Reflecting American Culture Through American Literature and Art.* New York: Tarcher/Putnam.

Bolen, J. (1985) *Goddesses in Every Woman: A New Psychology for Women.* New York: Harper Colophon.

Bruscia, K. (1991) *Case Studies in Music Therapy.* Gilsum: Barcelona Publishers.

Buetow, S., Talmage, A., McCann, C., Fogg, L. and Purdy, S. (2014) "Conceptualizing how group singing may enhance quality of life with Parkinson's disease." *Disability and Rehabilitation 36,* 5, 430–433.

Bunt, L. and Hoskyns, S. (eds) (2002) *The Handbook of Music Therapy.* London: Routledge.

Campbell, D. (1992) *Music and Miracles.* London: Quest Books.

Campbell, J. (1976) *Creative Mythology: The Masks of God.* New York: Penguin Books.

Cameron, J. (1997) *The Vein of Gold: The Journey to Your Creative Heart.* New York: Pan Books.

Chodorow, J. (1997) *Jung on Active Imagination.* Princeton, New Jersey: Princeton University Press.

Combs, D. (2004) *The Way of Conflict: Elemental Wisdom for Resolving Disputes and Transcending Differences.* Navato, California: New World Library.

Councill, T. and Phlegar, K. (2013) "Cultural Crossroads: Considerations in Medical Art Therapy." In P. Howie, S. Prasad and J. Kristel (eds) *Using Art Therapy with Diverse Populations: Crossing Cultures and Abilities.* London: Jessica Kingsley Publishers.

Csordas, T. (1999) "Embodiment and Cultural Phenomenology." In G. Weiss and H. Haber (eds) *Perspectives on Embodiment: The Intersections of Nature and Culture.* New York: Routledge.

Durie, M. (2001) *Mauri Ora: The Dynamics of Maori Health.* Melbourne: Oxford University Press.

Eberhart, H. (2017) "The Arts Work: The Process of Intermodal Decentering in Professional Conversations." In E. Levine and S. Levine (eds) *New Developments in Expressive Arts Therapy: The Play of Poiesis.* London: Jessica Kingsley Publishers.

Ellis, R. (2001) "Movement metaphor as mediator: A model for dance/movement therapy process." *The Arts in Psychotherapy 28,* 181–190.

Estes, C. (1992) *Women Who Run with Wolves: Myths and Stories of the Wild Women Archetype.* Toronto: The Random House Publishing.

Evans, B. (2015) "Reflections on mandala-making in nature." *Australia and New Zealand Journal of Arts Therapy 10,* 1, 80–81.

Fabjanski, M. and Brymer, E. (2017) "Enhancing health and wellbeing through immersion in nature: A conceptual perspective combining stoic and Buddhist perspectives." *Frontiers in Psychology 8,* article 1573. Accessed on 27/02/2018 at www.frontiersin.org

Feen-Calligan, H., McIntyre, B. and Sands-Goldstein, M. (2011) "Art therapy application of dolls in grief recovery, identity and community service." *Art Therapy 26,* 4, 167–173.

Friedman, H. and Mitchelle, R. (eds) (2008) *Supervision of Sandplay Therapy.* Hove: Routledge.

Genius (2012) *Yellow Bird: The Sapphires Soundtrack.* Accessed on 24/02/2018 at https://genius.com/Jessica-mauboy-yellow-bird-lyrics

Glassman, E. (2013) "Giving Teens a Visual Voice: Art Therapy in a Public School Setting with Emotionally Disabled Students." In P. Howie, S. Prasad and J. Kristel (eds) *Using Art Therapy with Diverse Populations: Crossing Cultures and Abilities.* London: Jessica Kingsley Publishers.

Gnatt, L. (2013) "Stories Without Words: A Cultural Understanding of Trauma and Abuse." In P. Howie, S. Prasad and J. Kristel (eds) *Using Art Therapy with Diverse Populations: Crossing Cultures and Abilities.* London: Jessica Kingsley Publishers.

Goldsworthy, A. (1990) *A Collaboration with Nature.* New York: H.N. Abrams.

Gombrich, E. (1979) *The Story of Art.* Oxford: Phaidon Press.

Gordon-Flower, M. (2014a) "Nursing the wounded heart." In C. Miller (ed.) *Assessment and Outcomes in the Art Therapies: A Person-centred Approach.* London: Jessica Kingsley Publishers.

Gordon-Flower, M. (2014b) "Dancing with the magic of the archetypes." In C. Miller (ed.) *Assessment and Outcomes in the Art Therapies: A Person-centred Approach.* London: Jessica Kingsley Publishers.

Gordon-Flower, M. (2016) "Dances of paradox and role diffusion." In C. Miller (ed.) *Arts Therapists in Multidisciplinary Settings: Working Together for Better Outcomes.* London: Jessica Kingsley Publishers.

Granot, A., Regev, D. and Snir, S. (2017) "Jungian theory and its uses in art therapy in the viewpoints of Israeli arts therapists." *International Journal of Art Therapy 23,* 2, 1–12.

Halprin, D. and Weller, J. (2003) *The Expressive Body in Life, Art, and Therapy: Working with Movement, Metaphor, and Meaning.* London: Jessica Kingsley Publishers.

Harvey, S., Donovan, J. and Lammerts Van Bueren, T. (2016) "Considerations of Change in Play Therapy with Young Children." In C. Miller (ed.) *Arts Therapists in Multidisciplinary Settings: Working Together for Better Outcomes.* London: Jessica Kingsley Publishers.

Hawkins, P. and Shohet, R. (2012) *Supervision in the Helping Professions.* Maidenhead: Open University Press/McGraw-Hill.

Hill, M. (1997) *Nature Works: Sculptures in the Landscapes.* Auckland: Godwit Publishing.

Ho, R. (2017) *Arts: It's All About Beauty, Abilities, and Endless Possibilities.* TEDxWanChaiSalon, YouTube. Accessed on 30/09/17 at https://www.youtube.com/watch?v=Fb1T7qiMdxs

Hosli, E. and Wanzeried, P. (2017) "Education on the Edge: Acts of Balance." In E. Levine and S. Levine (eds) *New Developments in Expressive Arts Therapy: The Play of Poiesis.* London: Jessica Kingsley Publishers.

Howie, P., Prasad, S. and Kristel, J. (eds) (2013) *Using Art Therapy with Diverse Populations: Crossing Cultures and Abilities.* London: Jessica Kingsley Publishers.

Jung, C. (1964) *Man and His Symbols.* New York: Doubleday.

Kalff, D. (2003) *Sandplay: A Psychotherapeutic Approach to the Psyche.* Cloverdale, California: Temenos Press.

Knill, P. (2017a) "The Essence in a Therapeutic Process: An Alternative Experience of Worlding." In E. Levine and S. Levine (eds) *New Developments in Expressive Arts Therapy: The Play of Poiesis.* London: Jessica Kingsley Publishers.

Knill, P. (2017b) "Community Art: Communal Art-Making to Build a Sense of Coherence." In E. Levine and S. Levine (eds) *New Developments in Expressive Arts Therapy: The Play of Poiesis.* London: Jessica Kingsley Publishers.

Knill, P., Levine, E. and Levine, S. (2005) *Principles and Practices of Expressive Art Therapy: Toward a Therapeutic Aesthetics.* London: Jessica Kingsley Publishers.

Landy, R. (2009) "Role Theory and the Role Method of Drama Therapy." In D. Johnson and R. Emunah (eds) *Current Approaches in Drama Therapy.* Springfield, Illinois: Charles C. Thomas Publishers.

Lem, A. (1993) *Music Therapy Collection: Introducing the Principles and Objectives of Music Therapy Practice in Australia.* Canberra: Australian Dance Council – Ausdance (ACT).

Levey, A. (2018) "Projects: Golden Doors." Accessed on 30/12/2018 at http://www.alleviate.co.nz/#projects

Levine, S. (2017) "Aesthetic Education: Learning Through the Arts." In E. Levine and S. Levine (eds) *New Developments in Expressive Arts Therapy: The Play of Poiesis.* London: Jessica Kingsley Publishers.

Levine, E. and Levine, S. (2017) (eds) *New Developments in Expressive Arts Therapy: The Play of Poiesis.* London: Jessica Kingsley Publishers.

Lewis, P. (1996) "Depth psychotherapy in dance/movement therapy." *American Journal of Dance Therapy 18,* 2, 95–113.

Lister, S., Tanguay, D., Snow, S. and D'Amico, M. (2011) "Development of creative arts therapies centre for people with developmental disabilities." *Art Therapy 26,* 1, 34–37.

Lubin, H. and Johnson, D. (2008) *Trauma-Centred Group Psychotherapy for Women: A Clinician's Manual.* New York: Psychology Press.

Macauley, D. (2010) *Elemental Philosophy: Earth, Water, Air and Fire as Environmental Ideas.* New York: Suny Press.

Majid, N. (2010) *My Mother Was the Earth, My Father Was the Sky.* Oxford: Peter Lang.

Manaia, A. (2017) "Kaupapa Māori arts therapy: The application of arts therapy in a Kaupapa Māori setting." *Australia and New Zealand Journal of Arts Therapy 12,* 1, 29–39.

McAdams, D. (1993) *Stories We Live By: Personal Myths and the Making of the Self.* New York: William Morrow.

McNiff, S. (1992) *Art as Medicine: Creating a Therapy of the Imagination.* Boston, Massachusetts: Shambhala Publications.

McNiff, S. (2004) *Art Heals: How Creativity Cures the Soul.* Boston, Massachusetts: Shambhala Publications.

McNiff, S. (2017) "Cultivating Imagination." In E. Levine and S. Levine (eds) *New Developments in Expressive Arts Therapy: The Play of Poiesis.* London: Jessica Kingsley Publishers.

Meeus, W., Iedema, J., Maassen, G. and Engels, R. (2005) "Separation-individuation revisited: On the interplay of parent-adolescent relations, identity and emotional adjustment in adolescence." *Journal of Adolescence 28,* 89–106.

Merchant, J. (2009) "A reappraisal of archetype theory and its implications for theory and practice." *Journal of Analytical Psychology 54,* 339–358.

Miller, C. (ed.) (2016) *Arts Therapists in Multidisciplinary Settings: Working Together for Better Outcomes.* London: Jessica Kingsley Publishers.

Mitchell, S. (1994) "Reflections on Dramatherapy as Initiation Through Ritual Theatre." In Jennings, S., Cattanach, A., Mitchell, S., Chesner, A. and Meldrum, B. (eds) *The Handbook of Drama Therapy.* New York: Routledge.

Moon, C. (2002) *Studio Art Therapy: Cultivating the Artist Identity in the Art Therapist.* London: Jessica Kingsley Publishers.

Myss, C. (2003) *Archetype Cards and Guidebook.* London: Hay House.

Nordoff, P. and Robbins, C. (1971) *Therapy in Music for Handicapped Children.* London: Victor Gollancz.

Pearson, C. (1991) *Awakening the Heroes Within: Twelve Archetypes to Help Us Find Ourselves and Transform Our World.* New York: Harper Collins Publishers.

Roberts, M. (2017) "Touching the earth: Creating steps towards re-establishing a connection with nature." *Australia and New Zealand Journal of Arts Therapy 12,* 1, 20–28.

Roesler, C. (2012) "Are archetypes transmitted more by culture than biology? Questions arising from conceptualization of archetypes." *Journal of Analytical Psychology 57,* 223–246.

Rothschild, B. (2000) *The Body Remembers: The Psychophysiology of Trauma and Trauma Treatment.* New York: W.W. Norton.

Ryan, R. and Deci, E. (2001) "On happiness and human potentials: A review of research on hedonic and eudaimonic wellbeing." *Annual Reviews Psychology 52,* 141–166.

Scategni, W. (2015) *Psychodrama, Group Processes and Dreams: Archetypal Images of Individuation.* London: Routledge.

Schlaug, G. Marchina, S. and Norton, A. (2008) "From singing to speaking: Why singing may lead to recovery of expressive language function in patients with Broca's aphasia." *Music Percept 25,* 4, 315–323.

Sepinuck, T. (2013) *Theatre of Witness: Finding the Medicine in Stories of Suffering, Transformation, and Peace.* London: Jessica Kingsley Publishers.

Siemon, M. (1980) "The separation-individuation process in adult twins." *American Journal of Psychotherapy XXXIV*, 3, 387–400.

Sobol, B. and Howie, P. (2013) "Cultural Considerations in Family Art Therapy." In P. Howie, S. Prasad and J. Kristel (eds) *Using Art Therapy with Diverse Populations: Crossing Cultures and Abilities.* London: Jessica Kingsley Publishers.

Stace, S. (2014) 'Therapeutic doll making in art psychotherapy for complex trauma.' *Art Therapy 31*, 1, 12–20.

Swallow, M. (2002) "The Brain – Its Music and Its Emotion: The Neurology of Trauma." In J. Sutton (ed.) *Music, Music Therapy and Trauma: International Perspectives.* London: Jessica Kingsley Publishers.

Turner, B. (ed.) (2017) *The Routledge International Handbook of Sandplay Therapy.* New York: Routledge.

Virtue, D. (2004) *Goddess Guidance Oracle Cards: A 44-Card Deck with Guidebook.* London: Hay House.

von Franz, M. (1999) *Archetypal Dimensions of the Psyche.* Boston, Massachusetts: Shambhala.

Walker, B. (1988) *The Women's Dictionary of Symbols and Sacred Objects.* New York: Harper & Row.

Weinrib, E. (2004) *Images of the Self.* Cloverdale, California: Temenos Press.

Weiten, W. (2004) *Psychology Themes & Variations.* London: Wadsworth.

West, W. (2011) "Spirituality and Therapy: The Tensions and Possibilities." In W. West (ed.) *Exploring Therapy, Spirituality and Healing.* New York: Palgrave Macmillan.

Whitaker, P. (2017) "Art Therapy and Environment (*Art-thérapie et environnement*)." *Canadian Art Therapy Association Journal 30*, 1, 1–3.

(2004) "Māori Legends: New Zealand in History." Batman Ed. 4. *The New Zealand Encyclopaedia.* Accessed on 11/02/2018 at http://history-nz.org/maori9.html.

(2018) "Choucoune." *Wikipedia.* Accessed on 24/02/2018 at https://en.wikipedia.org/wiki/Choucoune_(song).

(2018) "What is the mysterium Tremendum et Fascinans?" *Encyclopaedia Britannica.* Accessed on 04/01/18 at https://www.britannica.com/topic/mysterium-tremendum-et-fascinans.

추가도서

Elder, H. (2017) "Te Waka Kuaka and Te Waka Oranga. Working with Whānau to improve outcomes." *Australian and New Zealand Journal of Family Therapy 38*, 27–42. doi: 10.1002/anzf.1206.

Garlock, L. (2016) "Stories in the cloth: Art therapy and narrative textiles." *Art Therapy 33*, 2, 58–66.

Houkamau, C. and Sibley, C. (2010) "The multi-dimensional model of Māori identity and cultural engagement." *New Zealand Journal of Psychology 39*, 1, 8–28.

Kalmanowitz, D. and Ho, R. (2016) "Out of our mind: Art therapy and mindfulness with refugees, political violence and trauma." *The Arts in Psychotherapy 49*, 57–63.

Kapitan, L., Litell, M. and Torres, A. (2011) "Creative art therapy in a community's participatory research and social transformation." *Art Therapy 28*, 2, 64–73.

Kidd, J. and Wix, L. (2013) "Images of the heart: Archetypal imagery in therapeutic artwork." *Art Therapy 13*, 2, 108–113.

Knox, J. (1999) "The relevance of attachment theory to a contemporary Jungian view of the internal world: internal working models, implicit memory and internal objects." *Journal of Analytical Psychology 44*, 511–530.

Schlaug, G., Marchina, S. and Norton, A. (2010) "From singing to speaking: Why singing may lead to recovery of expressive language function in patients with Broca's aphasia." *National Institutes of Health – Public Access Authors Manuscript, Music Precept 25*, 4, 315–323.

Sezaki, S. and Bloomgarden, J. (2011) "Homebased art therapy for older adults." *Art Therapy 17*, 4, 283–290.

Index

[기타]

[영문]